트럼프 2.0시대 새로운 경제 실험의 서막

일론 머스크의 DOGE 정부효율부

트럼프 2.0시대 새로운 경제 실험의 서막

일론 머스크의 DOGE 정부효율부

이재훈(드라이트리) 지음

Elon Musk

ELON

차례

MUSK

1장. 새로운 실험의 시작

2024년 미국 대선과 DOGE의 탄생 • 13
예고된 강력한 규제 완화 | 현재 진행 중인 꿈과 도전 | 페이팔부터 시작된 규제와의 전쟁 | 실리콘밸리와 워싱턴의 충돌 | 정부 혁신과 민주주의 위기, 두 가지 가능성의 충돌 | 이 책에서 다룰 내용

2장. 일론 머스크의 꿈의 여정

출발점에 서다 • 35
일론 머스크의 성장과 비전 | 기업가로서의 출발과 영감을 준 요소들

집투와 페이팔, 첫 사업의 성공 • 42
집투, 디지털 지도와 비즈니스 디렉토리 플랫폼 | 페이팔, 온라인 결제 혁신과 성공 | 첫 번째 큰 성공의 의미

테슬라, 전기차 혁명 • 50
테슬라 인수와 초기 어려움 | 전기차 기술 혁신 및 생산 전략 | 에너지 저장 사업과 태양광 확장

스페이스X, 우주로 향하는 도전 • 61
민간 우주 개발의 시작과 비전 | 재사용 로켓 기술의 혁신 | 스타링크와 우주 인터넷 네트워크

X, 소셜미디어와 새로운 여정 • 73
디지털 플랫폼 비즈니스의 변화 전략 | X 플랫폼으로의 전환과 AI 통합 | 정치적, 경제적 영향력 확장

뉴럴링크, 인간과 기술의 경계 • 82
뇌-컴퓨터 인터페이스 기술 개발 | 의료 혁신 및 윤리적 논란 | 장기적 비전, 인간 능력의 증폭

전쟁의 서막 • 92
각국 정부와의 협력과 갈등 | 혁신과 규제를 둘러싼 논쟁

3장. 규제와의 전쟁

자율주행 혁신 vs 안전, NHTSA와의 갈등 • 101

NHTSA는 왜 테슬라와 갈등을 빚는가? | 오토파일럿을 둘러싼 갈등 | FSD 베타 프로그램을 둘러싼 안전성 논란 | 오토파일럿 마케팅에 대한 허위광고 소송 | 실시간 데이터 공유 거부와 규제기관과의 마찰 | 배출권 거래 문제가 테슬라에 왜 중요한가? | 배출권 거래를 둘러싼 대립 | 일론 머스크가 전기차 보조금을 없애려는 이유 | IRA 및 중국과의 관계를 둘러싼 갈등

우주 개발 속도 vs 주도권, NASA와의 충돌 • 121

왜 스페이스X와 FAA는 갈등을 빚는가? | 안전 제일주의 vs 시행착오를 통한 학습 | 국방부와 어떤 관계이길래 갈등이 생기나? | 왜 NASA와도 갈등하나? | 일론 머스크와 NASA의 동상이몽 | 주파수 할당을 둘러싼 FCC와의 갈등 | 왜 주파수 할당 문제가 중요한가?

AI 개발 vs 개인정보 보호, FTC와의 대립 • 136

SNS 플랫폼 비즈니스에서 개인정보 문제는 왜 중요한가? | FTC와 어떤 갈등을 겪고 있나? | AI와 관련한 규제기관과의 갈등은? | X와 코인, 그리고 SEC

동물 실험 vs 환자 안전, FDA와의 이견 • 145

뉴럴링크와 FDA가 무슨 관련이 있나? | 동물 실험 윤리 논란

4장. 연방 예산 절감과 기업 제국의 청사진

자율주행과 로봇의 규제 완화 • 153

새로운 경제 실험의 서막 | 자율주행 규제 완화와 로보택시 확산 | 옵티머스를 통한 로봇 규제 개혁 전략 | 신재생 에너지의 강자, 테슬라

우주 산업에서의 영향력 강화 • 165

스타십 프로그램 가속화 | 스타링크 확장을 통한 우주 인터넷 시장 독식 | 민간 우주 탐사를 통해 화성으로

AI 자동화와 공공 서비스 인력 대체 • 174

그록 AI 모델의 발전 | 소셜미디어 플랫폼 혁신과 빅테크 간의 경쟁 | 디지털 신원 등록과 시민 참여 플랫폼

뇌-컴퓨터 인터페이스 기술과 의료 혁신 • 182

뉴럴링크와 미국 정부효율부 | 바이오테크를 통한 일론 머스크의 비전은? | 뇌-컴퓨터 인터페이스 생태계 구축

5장. DOGE와 정부 혁신, 그리고 위기

DOGE와 정부 혁신 • 193
에릭 슈밋과 국방혁신위원회 | 일론 머스크의 정부 개혁 방향

민주주의적 견제와 균형의 위기 • 202
의회의 무력화 가능성 | 사법부에 대한 도전 | 시민사회의 대응은?

6장. 위대한 혁명가 VS 충동적인 빌런

양면성을 가진 복잡한 인물 • 215
일론 머스크 철학의 세 가지 핵심 개념 | 일론 머스크의 미래 비전 | 두 갈래의 길

트럼프와 머스크의 관계 지속은? • 226
일론 머스크는 어떤 사람으로 기억될까? | 정부 개혁의 새로운 실험과 그 미래 | 트럼프와의 밀월 관계 그리고 지속 가능성

감사의 글 • 238

ELON

1장

새로운 실험의 시작

MUSK

ELON
MUSK

2024년 미국 대선과 DOGE의 탄생

예고된 강력한 규제 완화

2024년 미국 대선은 단순한 정권 교체 이상의 의미를 지닌다. 어려운 사회경제적 상황에 대해 미국 시민들은 기성 미국 정치 체제와 정부 시스템에 대한 회의감을 품었고, 이것이 민심을 움직이는 동력이 되었다. 특히, 도널드 트럼프Donald Trump 재선 이후 일론 머스크Elon Musk가 미국 정부효율부Department of Government Efficiency(이하 DOGE) 수장으로 지명된 현 상황에서 DOGE는 새로운 형태의 정부 혁신 실험으로 주목받고 있다. 이는 관료제의 비효율성을 극복하고 기업가적 혁신 정신을 정부 운영에 도입하려는 시도로, 기존의 정부와 시민 간 관계를 근본적으로 재구성하려는 목표를 가지고 있다.

일론 머스크는 2022년 트위터Twitter를 인수한 이후 공화당에 대한 지지를 공개적으로 표명하며 자신의 정치적 영향력을 점점 확대해 왔다. 그의 소셜미디어 플랫폼 X(전 트위터)는 정치 광고 정책의 변화, 실시간 여론조사 기능 강화, 여론 형성 도구로서의 역할 확대 등을 통해 강력한 정치적 도구로 진화하며, 대선 캠페인 과정에서 중요한 역할을 했다.

2024년 대선 이후 도널드 트럼프가 재선에 성공하고 공화당이 의회 상·하원을 모두 장악하면서, 앞으로 강력한 규제 완화 정책을 예고하고 있다. 이는 테슬라Tesla, 스페이스XSpaceX, X 등 머스크의 기업들이 직면한 각종 규제 문제와 맞물리며, 트럼프와 머스크의 이해관계가 긴밀하게 얽힌 연대를 형성하게 만들었다. 도널드 트럼프와 일론 머스크 두 인물은 전기차 보조금 축소, 환경 규제 완화, 빅테크 규제 완화와 같은 다양한 정책 기조를 공유하며 서로의 이익을 강화하고 있다. 이 연대는 단순히 정치적 제휴에 그치지 않고, 기술기업이 정부 정책 및 거버넌스에 미치는 영향력의 확장을 보여주는 상징적 사례이다.

머스크의 DOGE 구상은 기술 혁신을 통해 정부의 효율성을 높이는 것을 목표로 하지만, 이는 '민주적 통제와 견제'라는 기존 거버넌스 원리에 대한 도전을 의미하기도 한다. DOGE는 관료제의 느린 의사 결정 과정과 비효율성을 극복하려는 의도로 만들어졌지만, 이러한 접근이 민주주의적 원칙을 약화시킬 수 있다는 우려도 제기되고 있다. 기술기업가가 주도하는 정부 혁신은 효율성의 증대를 가져올 수 있지만, 동시에 공공의 이해를 보장하는 민주적 가치와의 균형을 찾는 것이 필수적이다. 이는 정부와 시민 간의 관계를 기술 중심적으로 재구성하는 실험이기도 하지만, 그러한 변화가 성공하려면 민주적 통제와 견제 메커니즘을 유지하며 효율성을 높이는 방법을 보색해야 할 것이다.

DOGE의 등장은 2024년 미국 대선이 단순한 정치적 권력 교체를 넘어, 미국 정부 시스템의 근본적 변화를 논의하는 계기가 될 가능성을 보여준다. 이는 기술 혁신과 민주주의의 새로운 균형점을 찾으려는 실험으로 볼 수 있다. 그러나 이러한 실험이 성공적으로 진행되기 위해서는 효율성과 민주적 가치를 조화롭게 통합하는 과제를 해결해야 하며, 이는 단순히 기술적 혁신에만 의존할 수 없는 복잡한 문제이다. 궁극적으로, 2024년 미국 대선은 미국 정치뿐만 아니라 전 세계적으로도 정부 운영의 미래와 기술적 혁신의 역할을 재검토하는 중요한 전환점이 될 수 있을 것이다.

현재 진행 중인 꿈과 도전

일론 머스크의 삶은 '꿈과 도전'이라는 두 단어로 요약될 수 있다. 그는 단순히 혁신적인 기술을 개발하거나 성공적인 사업을 운영하는 것을 넘어, 인류가 직면한 가장 큰 문제들을 해결하고 더 나은 미래를 건설하겠다는 거대한 꿈을 꾸었다. 그러나 이 꿈을 실현하기 위해 그는 끊임없는 도전을 감수해야 했다. 일론 머스크의 도전은 단순히 기술적 과제에 국한되지 않았으며, 사회적, 경제적, 정치적 장벽을 넘어서야 하는 과정이었다.

어린 시절부터 그는 남다른 상상력과 호기심을 지니고 있었다. 공상과학 소설을 읽으며 우주 탐사와 인간 문명의 확장을 꿈꿨으며, 과학책을 통해 기술 혁신이 인류에게 줄 수 있는 가능성을 배웠다. 그는 "어떻게 하면 인류가 멸종 위기에서 벗어나 더 큰 우주적 존재로 거듭날 수 있을까?"라는 질문을 스스로에게 던졌고, 이를 해결할 방법을 탐구하기 시작했다. 이 질문은 단순한 지적 호기심에서 출발했지만, 점차 그의 삶을 움직이는 원동력이 되었다.

일론 머스크의 꿈은 기술적 상상력에만 머물지 않았다. 그는 지구가 직면한 환경 문제, 에너지 위기, 교통 체계의 비효율성, 그리고 우주 개척의 필요성을 인식했다. 그는 지속 가능한 에너지와 교통수단을 개발해 지구 환경을 보호하고, 인류가 화석 연료의 의존에서 벗어날 수 있는 길을 모색하였다. 또한, 인류의 생존 가능성을 높이기 위해 지구를 넘어 화성으로 이주하는 비전을 제시했다. 이러한 꿈은 단순히 개인적인 성공을 넘어 인류 전체를 위한 것이었기에 더욱 특별하다.

그러나 이 같은 거대한 꿈은 끊임없는 도전을 동반했다. 일론 머스크는 기술적 한계를 극복해야 했고, 자본 부족과 규제 장벽 같은 외부적인 문제도 해결해야 했다. 테슬라 초기에는 전기차 기술이 아직 성숙하지 않았고, 생산 비용이 지나치게 높아 대중화가 어려웠다. 또한, 많은 투자자와 업계 전문가들은 전기차 시장이 결코 성공하지 못할 것이라고 단언하며 그를 비웃었다. 그러나 일론 머스크는 실패를 두려워하지 않고 테슬라의 생산 과정을 혁신하며 배터리 기술을 개선하였고, 전기차의 경제성을 높이기 위해 끊임없이 노력했다.

스페이스X를 설립했을 때도 상황은 다르지 않았다. 민간 우주 개발이라는 개념 자체가 당시로서는 비현실적이라는 평가를 받았다. 우주발사체의 높은 비용과 기술적 실패 가능성은 수많은 비판과 회의적인 시선을 불러일으켰다. 그러나 일론 머스크는 재사용 로켓 기술이라는 혁신적인 아이디어를 제시하며 발사 비용을 획기적으로 줄였고, 스페이스X를 세계적인 우주 개발 기업으로 성장시켰다. 이는 단순히 기술적 도약을 넘어, 우주 산업의 패러다임 자체를 변화시키는 사건이었다.

또한, 뉴럴링크Neuralink와 같은 프로젝트는 인간의 뇌와 컴퓨터를 연결하는 도전적인 목표를 설정하며 기술적, 윤리적 논란을 불러일으켰다. 일론 머스크는 인간의 인지 능력을 향상시키고, 치매나 뇌 질환을 치료할 수 있는 기술을 개발하고자 하였으나, 이러한 연구는 사람들에게 두려움과 경계심을 동시에 불러일으켰다. 그럼에도 불구하고 그는 기술이 인류의 문제를 해결할 수 있다는 믿음을 굽히지 않았다.

일론 머스크의 꿈과 도전은 여전히 현재 진행형이다. 그는 지금도 전기차와 지속 가능한 에너지, 우주 탐사, 인공지능Artificial Intelligence, AI, 뇌-컴퓨터 인터페이스BCI 기술에 이르기까지 다양한 분야에서 새로운 가능성을 모색하고 있다. 그의 꿈은 단순히 기술적 혁신에서 멈추지 않고, 인간의 존재 방식을 재정립하고 인류의 미래를 위한 길을 열어가고 있다.

결국, 일론 머스크의 삶은 "어려운 문제를 해결하는 것이야말로 가치 있는 일이다"라는 그의 철학을 보여주는 사례라 할 수 있다. 그는 실패를 두려워하지 않았고, 도전을 두려움보다 더 큰 가능성으로 여겼다. 일론 머스크의 꿈과 도전은 단순히 한 기업가의 이야기가 아니라, 인류가 무엇을 꿈꾸고 어떤 도전을 통해 미래를 개척할 수 있는지를 보여주며, 우리에게 큰 영감을 안겨 준다.

페이팔부터 시작된 규제와의 전쟁

일론 머스크와 규제기관의 대립은 그의 기업가 경력 전반에 걸쳐 지속되어 왔다. 페이팔PayPal 시절 금융 규제와의 첫 충돌을 시작으로, 테슬라와 스페이스X를 통해 자동차 산업과 우주 산업의 기존 규제 체계에 도전해 왔다. 이러한 경험은 그의 반反규제적 성향과 정부 혁신에 대한 비전을 형성하는 데 큰 영향을 미쳤다.

페이팔에서 금융 스타트업을 이끌었던 일론 머스크는 기존 금융 규제가 혁신을 저해한다고 보았다. 특히 송금 서비스에 대한 각종 규제와 라이선스 요구사항이 새로운 금융 서비스의 발전을 막는다고 주장했다. 이 시기의 경험은 그가 후일 X 플랫폼을 통해 추진하는 금융 서비스 혁신 시도의 토대가 되었다.

테슬라를 통해서는 자동차 산업의 기존 질서에 정면으로 도전했다. 직영 판매 모델은 기존 딜러를 통한 차량 판매 제도와 충돌했고, 자율주행 기술은 미국 고속도로교통안전국NHTSA의 안전규제와 갈등을 빚었다. 미국 환경보호청EPA과는 배출권 거래를 둘러싼 논쟁을, 각 주의 규제당국과는 공장 설립을 둘러싼 마찰을 겪었다. 그러나 이러한 충돌 과정에서 일론 머스크는 규제기관을 상대하는 노하우를 축적했고, 정치적 영향력 확대의 필요성을 절감하게 된다.

스페이스X의 사례는 더욱 극적이다. 기존 우주 산업의 높은 진입 장벽과 미국 항공우주국NASA, 미국 연방항공국FAA 등 정부기관의 엄격한 규제에도 불구하고, 일론 머스크는 민간 우주기업의 새로운 모델을 제시했다. 특히 재사용 로켓 기술의 도입과 상업적 우주 운송 서비스의 성공은 우주 산업 규제의 패러다임 전환을 가져왔다. 이는 정부 규제가 혁신을 따라가지 못한다는 그의 신념을 강화했다.

최근에는 X와 xAI를 통해 소셜미디어와 AI 규제에 도전하고 있다. 콘텐츠 모더레이션(콘텐츠를 검토하고 관리하는 과정)을 둘러싼 논쟁과 더불어, 데이터 프라이버시, AI 윤리 등의 영역에서 기존 규제 체계와 충돌하면서, 동시에 새로운 규제 프레임워크를 제안하고 있다. 아울러 일론 머스크는 AI의 잠재적 위험성을 강조해왔다.

뉴럴링크를 통해서는 미국 식품의약국FDA의 의료기기 규제와 맞닥뜨리고 있다. 뇌-컴퓨터 인터페이스라는 혁신적 기술의 도입 과정에서 안전성 검증과 윤리적 문제를 둘러싼 논쟁이 진행 중이다. 이는 생명공학 분야에서 혁신과 규제의 균형점을 찾는 새로운 도전이 되고 있다.

이러한 일련의 경험들은 일론 머스크의 규제기관과의 전쟁이 단순한 기업의 이해관계를 넘어, 혁신과 규제의 근본적인 관계 재설정을 추구하는 것임을 보여준다. 그의 DOGE 구상 역시 이러한 맥락에서 이해할 수 있다. 즉, 기존 규제 체계의 한계를 극복하고 기술 주도의 새로운 거버넌스 모델을 실험하려는 시도인 것이다.

실리콘밸리와 워싱턴의 충돌

실리콘밸리와 워싱턴의 관계는 오랫동안 긴장과 갈등의 연속이었다. 특히 2010년대 이후 빅테크 기업들의 영향력이 급속히 확대되면서 이러한 충돌은 더욱 첨예해졌다. 실리콘밸리의 '빠른 혁신, 나중에 수정Move Fast and Break Things' 문화는 워싱턴의 규제 중심 접근방식과 근본적인 차이를 보여왔다.

메타(전 페이스북)의 마크 저커버그Mark Zuckerberg가 보여준 '사과하는 것이 허가를 구하는 것보다 쉽다'는 태도는 실리콘밸리의 전형적인 접근방식이었다. 구글Google, 아마존Amazon, 애플Apple 등 주요 테크 기업들도 기존 규제의 틀을 벗어난 혁신을 추구하며 빠른 성장을 이뤄왔다. 이들은 새로운 비즈니스 모델을 먼저 도입하고, 규제는 후속 과제로 미루는 전략을 구사했다.

일론 머스크는 이러한 실리콘밸리의 전통을 가장 극단적으로 구현한 인물이다. 그는 테슬라를 통해 자동차 업계의 기존 질서에 도전했고, 스페이스X로 우주 산업의 판도를 바꾸었다. 특히 그의 전략은 단순한 규제 회피가 아닌, 규제 자체의 변화를 강제하는 방식이었다. 예를 들어, 테슬라의 직접 판매 모델은 각 주의 자동차 판매 규제를 재검토하게 만들었고, 스페이스X의 성공은 우주 산업 규제의 현대화를 이끌었다.

그러나 워싱턴의 시각은 달랐다. 2010년대 후반부터 의회와 규제당국은 빅테크 기업들의 영향력 확대를 우려하기 시작했다. 2016년, 케임브리지 애널리티카Cambridge Analytica라는 영국의 정치 컨설팅 업체가 페이스북 이용자 약 8,700만 명의 개인정보를 동의 없이 수집하여 정치 광고에 활용한 사건이 있었다. 이러한 페이스북의 개인정보 및 데이터 유출 사건, 구글과 아마존의 시장지배력 남용 의혹, 애플의 앱스토어 정책 논란 등이 규제 강화의 계기가 되었다. 바이든 행정부 출범 이후에는 미국 연방거래위원회FTC(우리나라의 공정거래위원회와 유사한 정부 기관) 리나 칸Lina Khan 위원장과 미국 법무부DOJ 반독점국장 조너선 캔터Jonathan Kanter 등 진보 성향의 규제 전문가들이 전면에 나서면서 빅테크 규제가 본격화되었다.

이러한 흐름 속에서 실리콘밸리의 대응 전략도 진화했다. 과거의 단순한 규제 회피에서 벗어나, 적극적인 로비활동과 정책 제안을 병행하는 방식으로 변화했다. 예를 들어, 메타는 자체적인 AI 윤리 가이드라인을 제시했고, 구글은 프라이버시 샌드박스sandbox(통제된 상황에서 테스트하거나, 기존 규제나 정책에서 일시적으로 유예하여 실험할 수 있도록 하는 제도)를 도입하는 등 자율규제 노력을 강화했다.

일론 머스크의 DOGE 구상은 이러한 맥락에서 주목할 만하다. 그는 단순히 규제를 피하거나 대응하는 것이 아니라, 정부 시스템 자체를 기술 기반으로 재구축하자고 제안한다. 이는 실리콘밸리와 워싱턴의 충돌을 해결하는 새로운 접근방식일 수 있다. 즉, 규제 당국과 기술기업의 이분법적 대립을 넘어, 기술을 통한 거버넌스 혁신이라는 제3의 길을 모색하는 것이다.

하지만 이러한 시도가 성공하기 위해서는 몇 가지 근본적인 과제를 해결해야 한다. 첫째, 기술 혁신과 공공성의 균형을 어떻게 맞출 것인가? 둘째, 민주적 통제와 효율성을 어떻게 조화시킬 것인가? 셋째, 글로벌 기술기업의 영향력 확대가 국가 주권에 미치는 영향을 어떻게 관리할 것인가? 이러한 질문들에 대한 답을 찾는 과정이 실리콘밸리와 워싱턴의 새로운 관계 설정의 핵심이 될 것이다.

정부 혁신과 민주주의 위기, 두 가지 가능성의 충돌

정부 혁신을 향한 일론 머스크의 비전은 그의 기업가적 경험에 깊이 뿌리박고 있다. 그는 테슬라와 스페이스X를 통해 보여준 혁신적 접근방식을 정부 영역에도 적용하려 한다. 이는 단순한 효율성 개선을 넘어, 정부 운영의 패러다임 자체를 변화시키려는 시도로 볼 수 있다.

일론 머스크의 정부 혁신 비전은 불필요한 '규제 철폐'와 '정부 효율화', 그리고 '시장 원리 도입'이라는 세 가지 핵심 축으로 요약된다. 첫째, 불필요한 규제 철폐이다. 일론 머스크는 정부 운영의 비효율성을 제거하고 경제 활동의 자유를 확대하기 위한 것이 핵심 과제라고 밝히고 있다. 아울러 일론 머스크는 정부 규제가 경제 성장의 걸림돌로 작용할 수 있다는 입장을 여러 차례 표명한 바 있다. 그는 정부가 불필요한 규제를 철폐하고, 기업과 개인이 창의성과 혁신을 발휘할 수 있는 환경을 조성해야 한다고 주장한다.

둘째는 정부 효율화이다. 일론 머스크는 정부가 기본적으로 비효율적이라는 인식을 가지고 있다. 필요하다면 AI를 비롯한 다양한 기술을 활용하여 불필요한 행정 인력과 비용을 절감하고 공공서비스의 품질을 개선하는 것을 지향하고 있다. 기본적으로 일론 머스크는 반복적이고 비효율적인 업무를 AI로 대체함으로써 인건비를 줄이고 행정 업무의 속도와 정확성을 높일 수 있다고 본다. 또한, 연방기관을 재편해 중복된 부처를 통합하고, 각 기관이 최소한의 자원으로 최대의 성과를 낼 수 있도록 설계하는 방안을 추진하고 있다.

셋째는 시장 원리의 도입이다. 일론 머스크는 정부 서비스를 '하나의 제품'으로 보고, 시민을 '고객'으로 대하는 접근방식을 제안한다. 이는 테슬라가 자동차 산업에서 보여준 것과 같은 고객 중심의 혁신을 정부 영역에서 구현하려는 시도다.

이러한 비전의 실현 가능성을 가늠하기 위해서는 일론 머스크의 기업가적 성과를 살펴볼 필요가 있다. 스페이스X는 정부 독점 산업이었던 우주 발사 서비스를 혁신적으로 변화시켰다. 재사용 로켓 기술을 통해 발사 비용을 90% 이상 절감했고, 이는 NASA의 예산 효율화에도 크게 기여했다. 이러한 사례는 민간의 혁신이 공공 부문의 효율성을 획기적으로 개선할 수 있음을 보여준다.

테슬라의 사례도 주목할 만하다. 테슬라는 단순히 전기차를 만드는 것을 넘어, 자동차 산업의 패러다임을 바꾸었다. 테슬라가 진행해 오고 있는 소프트웨어 중심의 접근, 차량 소프트웨어 업데이트를 무선 인터넷을 활용하여 할 수 있는 OTA Over-The-Air 업데이트, 딜러 없이 직접 온라인으로 판매하는 비즈니스 모델 등은 기존 전통적인 자동차 제조사들의 관행을 뒤흔들었다. 이러한 혁신적 접근 방식은 정부 서비스의 디지털 전환에도 시사하는 바가 크다.

그러나 기업가적 해결 방식을 정부 영역에 적용하는 데는 몇 가지 중요한 도전과제가 있다. 우선, 정부는 기업과 달리 이윤 추구가 아닌 공공성을 최우선으로 해야 한다. 효율성 개선이 형평성이나 접근성을 희생시켜서는 안 된다. 또한, 정부의 의사결정은 민주적 통제와 합의 과정을 거쳐야 하며, 이는 기업의 신속한 의사 결정과는 본질적으로 다르다.

더욱이 정부 서비스의 실패는 기업의 실패와는 다른 차원의 문제를 야기할 수 있다. 테슬라의 자율주행 시스템 오작동이 사고로 이어지는 것과, 정부의 사회보장 시스템이 실패하는 것은 그 파급 효과가 근본적으로 다르다.

정부 혁신과 기업가 정신의 결합은 신중하게 접근해야 한다. 일론 머스크의 비전이 제시하는 혁신적 가능성은 충분히 검토할 가치가 있지만, 이는 민주주의적 가치와 공공성을 훼손하지 않는 범위 내에서 이루어져야 한다. 결국 관건은 기술 혁신의 효율성과 민주주의적 통제의 균형점을 찾는 것이 될 것이다.

일론 머스크의 정부 혁신 구상이 현실화 될 경우, 가장 우려되는 것은 민주주의적 통제 시스템의 약화다. 이는 단순히 한 기업가의 영향력 확대 문제를 넘어, 민주주의의 근간을 흔들 수 있는 구조적 변화를 수반한다.

첫째, 필수 인프라의 사적 통제 문제가 있다. 일론 머스크의 기업들은 이미 전기차 충전망(테슬라), 우주 인터넷(스타링크), 소셜미디어 플랫폼(X) 등 현대 사회의 핵심 인프라를 장악하고 있다. 여기에 DOGE를 통한 정부 효율 증대를 위한 정책까지 더해진다면, 그의 영향력은 전례 없는 수준으로 확대될 것이다. 특히 위성 인터넷 서비스인 스타링크Starlink의 경우, 우크라이나 전쟁에서 보여준 것처럼 국가 안보와도 직결되는 인프라다.

둘째, 권력의 사유화와 알고리즘 권력의 부상이다. 일론 머스크가 강조하는 AI와 자동화 기술의 도입은 정부의 공공 부문에 적용할 경우, 행정 효율화를 가져올 수 있는 잠재력을 가지고 있지만, 동시에 알고리즘 권력이 집중되는 문제를 야기 할 가능성이 있다. 알고리즘 권력은 데이터의 수집, 분석, 결정 과정에서 AI가 핵심적인 역할을 하면서 권력이 특정 개인이나 조직에 집중되는 현상을 의미한다. 이는 정부가 AI 기술에 의존할수록 의사결정의 투명성과 책임성을 유지하는 데 새로운 도전이 발생할 수 있음을 시사한다.

권력의 사유화 문제 역시 일론 머스크의 혁신적 접근 방식에 내재된 논란 중 하나이다. AI와 데이터 분석 기술의 활용이 대부분 민간 기업에 의해 이루어지는 현실에서, 정부가 기술 의존도를 높일수록 정책 결정권이 특정 기업에 집중될 가능성이 크다. 이는 공공 영역에서의 민주적 통제와 균형을 약화시키고, 정부의 역할이 시장 중심의 관점에서 재구성되는 부작용을 초래할 수 있다. 특히, 일론 머스크의 기업들이 이미 다양한 산업에서 핵심적인 위치를 차지하고 있다는 점에서, 기술적 우위를 바탕으로 정책 결정 과정에서 지나치게 영향력을 행사할 수 있다는 우려가 제기된다.

셋째, 데이터 접근성 문제다. DOGE 시스템이 구축되면, 정부 운영과 관련된 방대한 데이터가 일론 머스크의 손에 넘어갈 우려가 있다. 이는 데이터 주권의 문제를 넘어, 민주적 견제와 감시를 어렵게 만들 수 있다. 시민들의 개인정보가 상업적으로 활용될 위험도 있다.

이러한 상황에서 기존의 민주적 견제 시스템은 제 기능을 발휘하기 어려워질 수 있다. 의회의 감독 기능은 기술적 복잡성과 전문성 부족으로 인해 한계에 부딪힐 것이다. 현재도 의회는 빅테크 기업들의 활동을 효과적으로 감독하지 못하고 있는데, 정부 시스템까지 이들의 통제하에 들어간다면 상황은 더욱 악화될 것이다. 아울러 사법적 통제 역시 어려움에 직면할 것이다. AI와 알고리즘의 의사결정 과정은 전통적인 법으로 책임을 추궁하기가 쉽지 않다. 게다가 초국적 기업의 특성상, 관할권 문제도 제기될 수 있다.

시민사회의 견제력도 약화될 우려가 있다. 정보의 비대칭성이 심화되면서, NGO Non-Governmental Organization나 언론의 감시 기능이 제한될 수 있다. 또한 플랫폼 의존도가 높아질수록 시민들의 자율적인 견제 능력도 약화될 수 있다. X 플랫폼에서 이미 보여준 것처럼, 여론 형성 과정 자체가 플랫폼 소유자의 영향력 아래에 놓일 수 있다.

일론 머스크의 정부 혁신 구상을 검토할 때는, 효율성 향상이라는 장점과 함께 민주주의적 통제의 약화라는 위험도 신중히 고려해야 한다. 새로운 형태의 견제와 균형 시스템, 예를 들어 디지털 옴부즈맨ombudsman과 같이 알고리즘 감시가 가능한 제도와 더불어 시민 데이터 권리와 보안을 어떻게 보장할지에 대한 논의가 필요할 것이다.

결국 핵심 관건은 기술 혁신과 민주주의적 가치의 조화를 어떻게 이룰 것인가에 대한 깊이 있는 사회적 논의이다.

이 책에서 다룰 내용

이 책은 혁신과 도전을 통해 세상을 바꾼 일론 머스크의 여정을 다룬다. 그는 단순한 기업가가 아니라, 기술을 통해 인류의 가장 큰 문제를 해결하려는 비전을 가진 혁신가이자 전략가이다. 이 책은 일론 머스크의 개인적 성장부터 그의 주요 사업, 규제와의 갈등, 그리고 미래에 대한 비전까지 깊이 탐구하며, 그가 꿈꾸는 세상이 어떤 모습인지 조명한다.

2장에서는 일론 머스크의 초기 생애와 그가 어떻게 기술에 대한 열정을 키우게 되었는지, 그리고 초기 창업 과정에서 어떤 도전을 경험했는지를 다룬다. 그가 어린 시절 공상과학 소설과 과학책을 통해 우주 탐사, 지속 가능한 에너지, 인간과 기술의 융합에 대해 깊이 고민했던 경험이 성장기 이후 어떻게 실제 사업을 통해 구체적인 목표로 전환될 수 있었던 원동력으로 작용했는지 살펴본다.

3장에서는 일론 머스크가 혁신을 저해하는 기존 규제 체계에 끊임없이 도전한 내용을 조명한다. 테슬라의 자율주행 기술에 대한 미국 고속도로교통안전국NHTSA과의 갈등, 스페이스X와 미국 연방항공국FAA 간의 충돌, 스타링크와 미국 연방통신위원회FCC 간의 주파수 문제, 뉴럴링크와 미국 식품의약국FDA와의 갈등을 포함하여 실제 일론 머스크가 사업을 진행하면서 겪었던 기존 규제와의 갈등을 살펴본다.

4장에서는 일론 머스크가 DOGE를 통해 규제를 해소했을 경우, 실제 이것이 일론 머스크가 테슬라, 스페이스X, X, 뉴럴링크 등 다양한 사업 영역의 비즈니스에서 어떤 이득을 기대하고 있으며, 이것이 그가 꿈꾸는 미래 비전 모습과 어떻게 연결되는지를 알아볼 것이다.

5장에서는 DOGE에서의 활동을 통해 일론 머스크가 미국 정부를 어떻게 개혁해 나갈지와 더불어, 민주주의에 위협 요소가 될 여지는 없는지 검토해 볼 것이다.

마지막으로 6장에서는 일론 머스크가 어떻게 기억될지에 대해 다룬다. 필자가 보기에 일론 머스크는 현재 '인류의 미래를 개척한 위대한 혁명가'로 기억될지, 아니면 '지나친 영향력을 행사한 충동적인 빌런'으로 기억될지 기로에 서있다고 생각하기 때문이다. 일론 머스크의 사상과 철학을 통해 위대한 혁명가와 충동적인 빌런 사이의 두 갈래 길 중 과연 어디로 갈지, 함께 생각해 보는 시간을 갖고자 한다. 아울러 트럼프와 머스크의 밀월 관계가 얼마나 지속 가능할지 생각해 보면서 논의를 마무리하고자 한다.

이 책은 일론 머스크의 성공 이야기를 단순히 나열하는 것을 넘어, 그의 혁신적 사고와 그로 인해 발생한 사회적, 정치적, 경제적 영향을 다각도로 분석하려는 시도이다. 일론 머스크의 비전과 도전은 오늘날의 산업 구조와 규제 체계를 새롭게 정의하는 중요한 사례로 평가받는다. 책의 마지막 부분에서는 그의 여정이 단순히 개인의 성공을 넘어 인류의 미래를 위한 지속 가능한 발전과 기술 혁신의 방향성에 어떤 교훈을 제공하는지 고찰하고자 한다.

이를 통해 독자들은 일론 머스크가 추구하는 세상과 그로 인해 재편될 미래 가능성에 대해 깊이 성찰할 수 있는 기회를 얻게 될 것이다.

ELON

2장

일론 머스크의 꿈의 여정

MUSK

ELON
MUSK

출발점에 서다

일론 머스크의 성장과 비전

일론 머스크는 1971년 남아프리카 공화국의 프리토리아Pretoria에서 태어났다. 그는 어린 시절부터 비범한 상상력과 기술에 대한 열정을 보여주었다. 어머니는 캐나다 출신의 모델 겸 영양사였고, 아버지는 남아프리카 공화국의 공학자였다. 머스크의 가정환경은 창의적이고 도전적인 분위기를 조성하는 데 중요한 역할을 했지만, 부모의 이혼과 아버지와의 복잡한 관계는 그에게 깊은 영향을 미쳤다. 이러한 환경 속에서 머스크는 주로 독서를 통해 위안을 얻었고, 특히 공상과학 소설과 과학책에 몰두하며 상상력을 넓혀갔다. 그는 인간의 존재와 미래에 대해 어릴 때부터 진지하게 고민했고, 자신이 이 세상에서 어떤 역할을 할 수 있을지 스스로에게 끊임없이 질문했다.

머스크가 처음 꿈을 꾸기 시작한 계기는 그가 열 살 무렵, 컴퓨터를 처음 접했을 때였다. 그는 당시 흔치 않았던 코모도어Commodore VIC-20이라는 컴퓨터를 통해 프로그래밍을 배우기 시작했다. 프로그래밍은 단순한 기술 이상의 의미를 그에게 주었는데, 이 과정을 통해 자기표현과 문제 해결 능력을 개발할 수 있었다. 머스크는 독학으로 프로그래밍을 배워 12살 때 첫 번째 비디오 게임 소프트웨어인 블래스터Blastar를 개발하고 판매하며 사업적 재능의 잠재력을 보여주었다. 이 경험은 그가 어릴 때부터 단순히 꿈꾸는 것에 그치지 않고 그것을 현실로 구현하려는 열망을 가졌음을 나타낸다.

공상과학 소설과 과학책은 머스크가 가진 꿈의 방향성을 설정하는 데 중요한 역할을 했다. 그는 아이작 아시모프Isaac Asimov의 〈파운데이션Foundation 시리즈〉를 읽으며 인류가 기술을 통해 지속 가능하고 발전된 문명을 건설할 수 있다는 확신을 얻었다. 또한 기술적 진보가 인간의 생존 가능성을 높이는 데 핵심적인 역할을 한다고 믿었다. 특히 인류가 지구라는 한정된 공간에만 머무르지 않고 우주로 확장해야 한다는 생각은 그의 삶의 주요 목표가 되었다. 그는 인간 문명을 멸종의 위기에서 구하고 더 큰 미래를 꿈꾸는 데 기여하겠다고 결심했다. 이러한 생각은 그가 후에 스페이스X를 설립하고 화성 식민지 계획을 구상하는 데 직접적인 영향을 미쳤다.

일론 머스크의 꿈은 기술적 상상력뿐만 아니라 경제적이고 사회적인 문제 해결로도 확장되었다. 그는 기후 변화, 화석 연료 의존, 그리고 지속 가능한 에너지의 필요성에 대해 깊이 고민했다. 이 같은 고민은 그가 테슬라를 통해 전기차와 에너지 저장 시스템 개발에 집중하게 된 계기가 되었다. 머스크는 지구상의 모든 사람이 지속 가능한 방식으로 에너지를 소비하고 생산해야 한다고 믿었다. 그리고 기술이 단순히 인간 생활을 편리하게 하는 도구가 아니라, 인류의 생존과 번영을 위한 필수적인 해결책임을 확신했다.

머스크의 꿈은 이론적으로만 존재하지 않았다. 그는 어릴 때부터 생각을 행동으로 옮기는 데 주저하지 않았다. 남아프리카 공화국의 제한적인 환경에서 벗어나기 위해 머스크는 캐나다로 이민을 계획하였고, 결국 어머니의 시민권을 활용해 17세에 캐나다로 이주했다. 새로운 환경에서 스스로를 재정립하고 자신의 꿈을 실현할 기반을 마련하고자 한 것이다. 이후 그는 펜실베이니아대학교 University of Pennsylvania에서 물리학과 경제학을 전공하며 학문적으로도 자신의 목표를 구체화하였다. 물리학은 세상의 근본적인 원리를 이해하는 데 도움을 주었고, 경제학은 문제를 해결하기 위한 현실적인 도구를 제공하였다.

대학 시절 머스크는 단순히 공부에만 몰두하지 않았다. 그는 주변 사람들과 끊임없이 아이디어를 나누며 창의적인 방법으로 문제를 해결하려는 노력을 기울였다. 그는 "세상이 직면한 가장 중요한 문제는 무엇일까?"라는 질문을 스스로에게 자주 던졌다. 이 질문은 그의 꿈의 원동력이 되었으며, 나아가 기술 혁신이 인류에게 어떤 긍정적인 영향을 미칠 수 있을지에 대한 깊은 통찰을 제공했다. 이러한 고민은 그저 고민에 그치지 않았다. 생각은 점점 뻗어나가 그가 인터넷의 초기 가능성을 인식하고, 집투Zip2와 페이팔 같은 혁신적인 디지털 플랫폼을 창업하는 데 이르게 했다.

머스크의 꿈은 단순히 성공적인 기업을 세우는 것이 아니었다. 그는 지구상의 문제를 해결하고 인류의 미래를 밝히는 데 기여하고자 했다. 이는 그가 끊임없이 새로운 기술과 아이디어를 탐구하며 기존의 한계를 넘어서려고 노력한 이유이다. 실패를 두려워하지 않았고, 오히려 실패를 학습의 기회로 삼았다. 이처럼 그의 꿈은 개인적인 야망에서 출발했지만, 점차 인류 전체를 위한 비전으로 확장되었다.

결국 머스크는 단순히 꿈을 꾸는 것에 그치지 않고, 자신의 꿈을 구체적인 목표로 설정하고 이를 실현하기 위한 전략을 세워 실천했다. 그의 꿈은 어린 시절의 상상력에서 출발했지만, 구체적인 과학적, 기술적 문제를 해결하는 과정에서 더욱 현실화되었다. 일론 머스크는 "인류가 지속 가능하게 살아가고 더 나은 미래를 꿈꿀 수 있는 세상을 만들겠다"는 비전을 품었고, 이는 현재까지도 그의 모든 사업과 혁신 활동의 중심에 자리 잡고 있다.

기업가로서의 출발과 영감을 준 요소들

일론 머스크는 기업가로서 출발점에 서기 전부터 문제 해결과 혁신에 대한 깊은 관심과 열정을 보였다. 그의 기업가적 기질은 어린 시절의 경험과 열정, 그리고 학문적 탐구에서 비롯된 것이었다. 어린 나이에 이미 독립적인 사고와 행동을 통해 문제를 해결하고, 새로운 아이디어를 실현하려는 욕구를 드러냈다.

머스크가 본격적으로 기업가로서 첫걸음을 내딛은 것은 집투라는 회사를 창업하면서부터였다. 집투는 인터넷의 초기 시절, 디지털 지도를 기반으로 한 비즈니스 디렉토리 서비스를 제공하며 지역 비즈니스와 고객을 연결하는 플랫폼이었다. 머스크는 이 회사를 통해 인터넷이 가진 무한한 가능성을 처음으로 사업화하는 데 성공했다. 그러나 초기 창업 과정은 결코 순탄치 않았다. 그는 창업 초기 자금을 확보하기 위해 끊임없이 투자자들을 설득해야 했으며, 기술적으로나 운영적으로도 수많은 문제에 부딪혔다. 그러나 이러한 도전은 머스크에게 중요한 교훈을 남겼다. 사업을 할 때 기술적 아이디어만으로는 충분하지 않으며, 이를 실행에 옮기기 위해서는 끊임없는 설득과 협력이 필요하다는 사실을 그는 깨달았다.

집투의 성공은 머스크에게 큰 자본을 제공했을 뿐만 아니라, 그가 기업가로서 더욱 큰 비전을 품을 수 있는 기반이 되었다. 이후 그는 인터넷 금융 서비스 혁신에 관심을 두고 엑스닷컴X.com을 설립했다. 이는 온라인 금융 플랫폼의 초기 형태로, 개인과 기업 간의 금융 거래를 간소화하고, 기존의 복잡한 금융 체계를 대체하려는 목표를 가지고 있었다. 엑스닷컴은 이후 페이팔로 발전하며, 디지털 금융의 선구자로 자리 잡았다. 이 과정에서 머스크는 기존의 금융 체계가 가진 비효율성을 인식하고, 기술을 통해 어떻게 비효율을 혁신할 수 있는지 배웠다.

머스크의 기업가적 비전은 단순히 시장의 요구를 충족시키는 것에 그치지 않았다. 그는 사업을 통해 인류가 직면한 가장 큰 문제들을 해결하고자 했다. 이는 우주 탐사, 지속 가능한 에너지, 그리고 인간과 기술의 융합이라는 세 가지 큰 목표로 구체화되었다. 어린 시절부터 과학과 공상과학 소설에 몰두하며 형성된 비전은 실제 사업을 통해 실현 가능한 목표로 전환되었다. 그는 기술이 인류의 생존 가능성을 높이는 열쇠라고 믿었으며, 사업을 통해 이를 증명하고자 했다.

머스크가 기업가로서 출발하게 된 데에는 여러 가지 요인이 작용했다. 어린 시절부터 쌓아온 기술적 지식, 학문적 탐구를 통해 형성된 문제 해결 능력, 그리고 초기 창업 과정에서 얻은 경험과 자신감이 그를 움직이는 주요 원동력이었다. 그는 단순히 성공적인 기업을 세우는 데 그치지 않고, 이를 통해 인류와 사회에 긍정적인 영향을 미칠 수 있는 방법을 모색하며 계속해서 도전을 이어갔다. 이처럼 머스크의 기업가적 여정은 단순한 경제적 성과를 넘어, 인류가 더 나은 미래를 향해 나아가는 데 필요한 실질적인 해결책을 제시하려는 열망으로 가득 차 있었다.

집투와 페이팔,
첫 사업의 성공

집투, 디지털 지도와
비즈니스 디렉토리 플랫폼

일론 머스크의 첫 번째 주요 사업인 집투Zip2는 인터넷 기술의 초기 가능성을 활용한 디지털 지도와 비즈니스 디렉토리 플랫폼이다. 1996년, 머스크는 동생 킴벌 머스크Kimbal Musk와 함께 집투를 설립하며 디지털 기술을 활용해 지역 비즈니스를 연결하는 새로운 방식을 제안했다. 집투는 지역 비즈니스의 정보를 온라인에 통합하고, 이를 디지털 지도와 결합하여 사용자에게 보다 편리한 검색과 탐색 기능을 제공하는 서비스였다.

당시 인터넷은 대중화 초기 단계에 있었으며, 기업과 고객을 연결하는 온라인 플랫폼의 개념이 생소했던 시기였다. 집투는 이러한 상황에서 지역 신문사와 협력하여 기업 정보와 지도 서비스를 제공함으로써, 온라인에서 지역 경제를 활성화하는 혁신적인 방법을 제시했다. 집투의 비즈니스 모델은 기존의 물리적 비즈니스 디렉토리를 대체하거나 보완할 수 있는 디지털 솔루션을 제공하는 것이었다.

집투의 핵심 서비스는 기업의 주소, 연락처, 영업시간 등의 정보를 디지털 지도와 결합하여 사용자에게 제공하는 것이다. 예를 들어, 사용자가 특정 지역에서 레스토랑을 검색하면, 집투는 지도상에서 해당 레스토랑의 위치를 표시하고 자세한 정보를 제공하는 방식이었다. 이는 사용자가 물리적 지도를 찾거나 일일이 기업의 정보를 수집해야 하는 번거로움을 줄여주었다.

집투 설립 초기에는 자금과 기술적 인프라의 부족이 큰 도전 과제였다. 머스크는 창업 초기 모든 자금을 쏟아부어 회사를 운영했으며, 사무실에서 살면서 개발에 몰두했다. 당시 그는 프로그래밍과 서버 관리, 투자 유치까지 직접 처리하며 회사의 생존을 위해 노력했다. 집투는 초기에는 큰 주목을 받지 못했지만, 점차 지역 신문사와의 파트너십을 통해 비즈니스 네트워크를 확장하며 성장하기 시작했다.

1998년, 집투는 160개 이상의 신문사와 협력하며 성공적으로 사업이 확장됐다. 이 과정에서 머스크는 기업 운영과 기술 개발, 그리고 시장 요구를 충족시키는 방법에 대한 귀중한 경험을 쌓았다. 하지만 회사 내부에서의 갈등도 존재했다. 투자자들은 머스크의 비즈니스 리더십에 의문을 제기하며, 그를 CEO 자리에서 물러나게 했다. 이는 머스크에게 큰 좌절이었지만, 동시에 비즈니스 리더십과 경영 전략의 중요성을 배우는 계기가 되었다.

1999년, 집투는 컴팩Compaq에 3억 7천만 달러라는 금액으로 인수되며 머스크에게 첫 번째 큰 성공을 가져다주었다. 이 인수로 머스크는 약 2,200만 달러의 자본을 확보하게 되었고, 이는 이후 엑스닷컴과 같은 새로운 사업을 시작할 수 있는 중요한 자원이 되었다. 그리고 더 나아가 테슬라와 스페이스X와 같은 대규모 프로젝트를 시작할 수 있는 발판이 되었다.

집투는 단순히 디지털 지도와 비즈니스 디렉토리 플랫폼으로서의 성공뿐만 아니라, 머스크의 기업가로서의 경로를 본격적으로 열어준 사례로 평가받는다. 그는 집투를 통해 기술이 비즈니스와 결합하여 얼마나 큰 변화를 가져올 수 있는지를 경험했으며, 이 경험은 이후 테슬라, 스페이스X와 같은 더 큰 비전을 실현하는 데 중요한 밑거름이 되었다. 집투는 기술적 열정과 창의성을 바탕으로 사업적 성공을 거두며 머스크의 초기 비전을 현실로 전환한 첫 번째 사례로 자리 잡았다.

페이팔, 온라인 결제 혁신과 성공

페이팔은 일론 머스크가 디지털 금융의 미래를 혁신하고자 한 도전의 결과물이며, 인터넷 기반 결제 시스템의 선구자 역할을 했다. 페이팔의 이야기는 머스크가 집투를 매각한 뒤 얻은 자본을 바탕으로 시작한 엑스닷컴에서부터 시작된다. 엑스닷컴은 1999년 설립되었으며, 온라인 결제를 중심으로 금융 서비스의 복잡성을 제거하고자 하는 목표를 가지고 있었다.

엑스닷컴은 초기부터 전통 금융 시스템의 비효율성과 높은 비용 구조를 해결하려는 혁신적인 접근 방식을 도입했다. 당시 은행 간 거래는 시간이 오래 걸리고, 수수료가 높으며, 신뢰할 수 있는 디지털 시스템이 부족했다. 머스크는 인터넷을 통해 이러한 문제를 해결할 수 있다고 믿었다. 엑스닷컴은 고객이 간단한 이메일 주소만으로 돈을 송금할 수 있는 플랫폼을 개발했으며, 이는 사용자 친화적이고 효율적인 금융 서비스를 제공하는 첫 번째 시도였다.

엑스닷컴은 빠르게 성장했지만, 경쟁사였던 콘피니티Confinity와의 합병이 회사의 미래를 결정짓는 중요한 전환점이 되었다. 2000년, 엑스닷컴과 콘피니티는 합병을 통해 '페이팔'이라는 새로운 브랜드를 탄생시켰다. 합병 이후 회사는 온라인 결제의 표준을 확립하며, 특히 이베이eBay와 같은 전자상거래 플랫폼에서 중요한 결제 수단으로 자리 잡았다. 페이팔은 사용자 간의 신뢰를 높이고, 빠르고 간편한 결제를 가능하게 하며, 비즈니스와 개인 사용자 모두에게 강력한 도구를 제공했다.

페이팔의 가장 큰 혁신은 기존 금융기관이 제공하지 못한 신뢰성과 편리성을 결합한 점이다. 사용자는 복잡한 은행 계좌 정보 없이도 간단한 이메일 인증만으로 결제를 할 수 있었으며, 이는 당시 인터넷 거래에 대한 불신을 해소하는 데 중요한 역할을 했다. 또한, 페이팔은 강력한 보안 기술을 도입하여 사용자의 금융 정보를 보호하였고, 사기 방지 시스템을 통해 사용자 경험을 개선하였다. 이러한 기술적 혁신은 페이팔이 경쟁사들보다 두드러지게 앞서나가는 원동력이 되었다.

머스크는 페이팔의 운영 과정에서 기술적 혁신뿐만 아니라, 사업 확장 전략에서도 중요한 역할을 했다. 그는 페이팔을 글로벌 플랫폼으로 확장하기 위해 노력했으며, 전 세계 사용자들이 이를 사용할 수 있도록 다국적 금융 규제에 대응하고 인프라를 구축했다. 또한, 소규모 기업과 프리랜서들에게 새로운 결제 옵션을 제공함으로써, 페이팔은 글로벌 경제의 디지털화를 가속화했다.

그러나 머스크의 리더십은 회사 내부에서 논란의 대상이 되기도 했다. 페이팔 초기에는 기술적 비전과 경영 전략에서 투자자들과의 갈등이 발생했고, 결국 머스크는 CEO 자리에서 물러나야 했다. 이는 머스크에게 개인적으로 큰 좌절이었지만, 그는 페이팔이 성공적으로 성장하는데 필요한 전략적 선택이었다고 받아들였다.

2002년, 페이팔은 세계 최대의 전자상거래 플랫폼 이베이에 약 15억 달러라는 금액으로 인수되었다. 이 과정에서 머스크는 페이팔의 최대 주주로 약 1억 7천만 달러의 지분을 확보하게 되었으며, 이는 이후 테슬라와 스페이스X를 창립하는 데 중요한 자금원이 되었다.

페이팔의 성공은 단순히 한 기업의 경제적 성과를 넘어, 디지털 금융의 혁신적 패러다임을 제시했다는 점에서 중요하다. 이 플랫폼은 전 세계 수백만 명의 개인과 기업이 디지털 거래를 쉽게 수행할 수 있도록 지원하며, 전자상거래 생태계를 확장하는 데 기여했다. 또한, 페이팔은 사용자 경험을 중심으로 한 기술 혁신이 기존 금융 산업을 어떻게 변화시킬 수 있는지를 보여주는 사례로 자리 잡았다.

머스크에게 페이팔은 기업가로서의 또 다른 전환점이었다. 그는 이 성공을 통해 디지털 금융이 가진 잠재력을 확인했으며, 자신의 비전이 현실로 구현될 수 있다는 자신감을 얻었다. 또한, 페이팔에서의 경험은 그가 이후 사업에서 전 세계적 도전 과제를 해결하려는 더 큰 목표를 설정하는 데 중요한 밑거름이 되었다. 페이팔은 단순히 머스크의 성공적인 이력 중 하나로 남는 것이 아니라, 오늘날 디지털 경제의 핵심 요소로 자리 잡은 온라인 결제 시스템의 상징적인 존재로 남아 있다.

첫 번째 큰 성공의 의미

일론 머스크가 집투와 페이팔을 통해 이룬 첫 번째 성공은 단순히 경제적 성과에 그치지 않고, 그의 경력과 비전에 지대한 영향을 미쳤다. 이 성공은 머스크가 초기 기업가로서 직면했던 도전과 역경을 극복하며 얻은 중요한 교훈과 자신감을 제공했다.

집투의 성공은 머스크에게 첫 번째로 대규모 기술 기반 비즈니스를 운영하고 확장하는 경험을 안겨주었다. 또한 디지털 기술을 활용해 기존 산업 구조를 변화시키는 비즈니스 전략의 가능성을 확인하는 계기가 되었다. 페이팔의 성공은 머스크가 글로벌 비즈니스의 확장 가능성을 직접 체험하는 기회를 제공했다. 특히 페이팔 성공의 중요한 의미는 머스크가 단순히 경제적 수익을 얻는 것을 넘어, 사업이 사회적 구조와 경제적 시스템에 실질적인 영향을 미칠 수 있다는 것을 확인한 데 있다.

집투와 페이팔에서의 성공은 머스크에게 두 가지 중요한 교훈을 남겼다. 첫째, 사업의 성패는 기술 혁신뿐만 아니라, 이를 효과적으로 실행하고 시장에 적용하는 능력에 달려 있다는 것이다. 머스크는 이 경험을 통해 기술과 비즈니스 전략을 통합하는 방법을 익혔다. 둘째, 혁신은 기존 시스템과의 갈등을 피할 수 없다는 사실이다. 그는 집투와 페이팔 모두에서 규제와 산업 구조의 저항에 부딪혔지만, 이를 극복하며 성장하는 법을 배웠다.

머스크의 첫 번째 성공은 단순히 기업가로서의 입지를 다지는 데 그치지 않고, 그가 추구하는 더 큰 비전을 향한 첫걸음을 내딛는 계기가 되었다. 집투와 페이팔에서 얻은 경제적 자본과 경험적 교훈은 테슬라와 스페이스X 같은 프로젝트로 이어졌으며, 이는 결국 머스크가 세계를 변화시키는 혁신가로 자리 잡는 데 중요한 기반이 되었다. 이 두 성공 사례는 일론 머스크가 가진 창의적이고 혁신적인 사고가 실질적인 비즈니스 결과를 만들어낼 수 있음을 증명하였으며, 이후 그의 경력 전반에 걸쳐 지속적으로 영향을 미쳤다.

테슬라, 전기차 혁명

테슬라 인수와 초기 어려움

테슬라는 2004년 일론 머스크의 주도로 전기차 산업에 혁신을 불러일으키기 위한 프로젝트로 본격 시작되었다. 그러나 많은 사람들이 오해하는 것과 달리, 머스크는 테슬라의 창립자가 아니라 초기 투자자로서 회사에 합류했다. 테슬라는 2003년 마틴 에버하드Martin Eberhard와 마크 타페닝Marc Tarpenning에 의해 설립되었으며, 머스크는 이듬해 회사의 시리즈 A 투자 라운드에서 약 650만 달러를 투자하며 최대 주주가 되었다. 머스크는 테슬라의 비전을 믿고 이사회 의장으로 활동하면서 회사의 초기 방향을 결정하는 데 중요한 역할을 했다.

테슬라는 처음부터 전기차 시장이라는 도전적인 분야에 발을 들여놓았다. 당시 전기차는 낮은 주행거리, 비싼 배터리 비용, 느린 충전 속도 등의 문제로 대중의 관심을 받지 못했고, 기존 자동차 산업에서 비현실적인 대안으로 간주되었다. 이러한 상황에서 테슬라의 초기 목표는 기존 전기차의 한계를 극복하고, 성능과 디자인 면에서 내연기관 차량과 경쟁할 수 있는 전기차를 개발하는 것이었다.

머스크는 테슬라의 비전을 실현하기 위해 단순한 투자자에 머무르지 않았다. 그는 테슬라가 전기차 대중화의 첫걸음을 내딛기 위해 고급 전기 스포츠카 로드스터Roadster를 개발해야 한다고 생각했다. 이 차량은 리튬 이온 배터리를 기반으로 한 최초의 고성능 전기차로, 한 번 충전으로 약 400km를 주행할 수 있는 놀라운 기술적 도약을 보여줄 계획이었다. 그러나 이러한 야심 찬 목표는 곧 막대한 기술적, 재정적 어려움과 맞닥뜨렸다.

첫 번째 어려움은 배터리 기술과 관련된 문제였다. 테슬라는 당시 대량 생산이 어려운 리튬 이온 배터리를 채택했으며, 이를 차량에 안정적으로 통합하는 기술을 개발하는 과정에서 수많은 시행착오를 겪었다. 초기 테스트 중 배터리가 과열되거나 불안정해지는 문제가 반복적으로 발생했으며, 이는 회사의 신뢰도를 위협하는 치명적인 문제였다. 또한, 배터리의 대량 생산 비용이 지나치게 높아 회사의 자금 상황을 악화시켰다.

두 번째로, 테슬라는 자동차 제작 경험이 없는 스타트업이었다는 점에서 큰 도전에 직면했다. 기존 자동차 제조업체와 달리 테슬라는 자체 생산 시설이 없었으며, 차량 제작의 모든 단계를 처음부터 설계해야 했다. 이는 생산 공정에서 수많은 문제를 야기했으며, 품질 관리와 비용 통제에서 어려움을 겪게 만들었다. 특히 초기 로드스터 모델은 디자인과 엔지니어링 간의 불일치로 인해 반복적인 수정을 거쳐야 했으며, 이로 인해 출시 일정이 여러 차례 지연되었다.

재정적인 문제도 테슬라의 생존을 위협했다. 로드스터 개발 과정에서 회사는 수백만 달러의 손실을 기록했으며, 추가 자금 조달 없이는 더 이상 사업을 지속할 수 없는 상황에 직면했다. 머스크는 개인 자산의 상당 부분을 테슬라에 투자하며 회사를 지원했지만, 이는 그의 개인 재정 상황에도 큰 압박을 가했다. 그는 투자자들을 끊임없이 설득하며 추가 자금을 유치하려 했으나, 전기차 시장에 대한 부정적인 전망으로 인해 많은 투자자들이 참여를 꺼렸다.

더불어 내부 갈등도 초기 테슬라를 어렵게 만든 요소 중 하나였다. 마틴 에버하드와 머스크는 회사의 비전과 경영 방식에서 의견 차이를 보였으며, 이는 갈등으로 이어졌다. 결국 2007년 에버하드는 CEO 자리에서 물러나게 되었고, 머스크가 테슬라의 CEO로

직접 나서게 되었다. 이 시점에서 머스크는 회사의 방향성을 재정비하며 비용 구조를 조정하고, 생산 일정을 다시 설정했다.

2008년은 테슬라 역사에서 가장 어려운 시기 중 하나로 기록된다. 글로벌 금융 위기 속에서 테슬라는 파산 위기에 직면했으며, 로드스터의 초기 생산 과정에서 발생한 문제들이 회사의 신뢰도를 크게 약화시켰다. 그러나 머스크는 마지막 순간까지 포기하지 않았다. 그는 회사의 생존을 위해 투자자들을 설득하여 긴급 자금을 확보했으며, 직원들에게도 회사의 비전을 공유하며 동기를 부여했다.

결국 테슬라는 2008년 말, 첫 번째 로드스터를 성공적으로 출시하며 파산 위기를 넘겼다. 로드스터는 높은 성능과 혁신적인 배터리 기술로 주목을 받았으며, 테슬라가 전기차 시장의 새로운 강자로 떠오를 수 있는 기반을 마련했다. 비록 초기에는 소규모 생산에 그쳤지만, 로드스터의 성공은 테슬라가 전기차 대중화를 위한 다음 단계로 나아갈 수 있는 중요한 출발점이 되었다.

테슬라 인수와 초기 어려움은 머스크에게 사업적 리더십과 기술적 도전의 복합성을 깊이 이해하게 만든 시기였다. 그는 이 과정을 통해 전기차 기술과 생산 체계를 혁신하는 동시에, 위기를 극복하는 리더십을 발휘하여 테슬라를 지속 가능하게 만드는 데 성공했다. 이는 단순히 사업의 성공이 아니라, 머스크의 비전이 현실로 구현될 수 있음을 보여주는 중요한 사례로 자리 잡았다.

전기차 기술 혁신 및 생산 전략

테슬라는 전기차 기술 혁신과 효율적인 생산 전략을 통해 자동차 산업의 패러다임을 변화시키는 데 성공했다. 일론 머스크는 초기부터 테슬라를 단순한 자동차 제조업체로 생각하지 않았다. 그는 테슬라를 지속 가능한 에너지 전환의 핵심 플랫폼으로 정의하며, 이를 실현하기 위해 기술 개발과 생산 최적화에 몰두했다. 이러한 노력은 테슬라를 전기차 시장의 선두 주자로 만들었으며, 전 세계적으로 전기차 대중화를 이끄는 데 중요한 역할을 했다.

전기차의 핵심 기술은 배터리이며, 이는 차량의 주행거리, 성능, 비용에 직접적으로 영향을 미쳤다. 테슬라는 초기부터 리튬이온 배터리 기술에 집중하며 기존 전기차의 한계를 극복하기 위해 노력했다. 특히 배터리 팩 설계를 최적화하여 생산 비용을 절감하는 동시에 성능을 향상시켰다. 테슬라는 수천 개의 작은 셀을 모듈 형태로 조립한 배터리 팩을 설계함으로써 배터리의 수명을 늘리고 주행거리를 크게 늘렸다. 또한 파나소닉과 협력하여 배터리 생산 공정을 개선했으며, 이후 기가팩토리Giga Factory라는 대규모 배터리 생산 시설을 설립했다. 이 공장은 테슬라의 배터리 생산 비용을 지속적으로 낮추고, 전기차의 가격 경쟁력을 높이는 데 결정적인 역할을 했다.

테슬라는 기존 내연기관 차량과 차별화된 전기차 전용 플랫폼을 개발하여 기술적 우위를 확보했다. 초기 모델인 로드스터는 고급 전기 스포츠카로, 테슬라의 기술력을 대중에게 각인시키는 역할을 했다. 로드스터의 성공 이후 테슬라는 모델 S와 모델 3 등 다양한 차량을 출시하며 전기차 대중화를 목표로 삼았다. 테슬라의 플랫폼은 모듈화와 표준화를 기반으로 설계되었다. 이를 통해 다양한 차량 모델에서 동일한 구성 요소를 재사용할 수 있었고, 생산 효율성을 극대화했다. 특히 모델 3는 간소화된 설계와 자동화된 생산 공정을 통해 전기차 시장에서 가장 경쟁력 있는 가격대를 제시하며 대중의 관심을 끌었다.

테슬라는 전기차 기술 혁신에 그치지 않고 자율주행 기술을 통합하여 차량의 스마트화를 주도했다. 테슬라는 독자적인 하드웨어와 소프트웨어를 개발하여 오토파일럿Autopilot 시스템을 구현했으며, 이는 전기차를 단순한 교통수단이 아닌 지능형 이동 플랫폼으로 전환시켰다. 오토파일럿은 테슬라의 센서 네트워크와 AI 기술을 활용하여 실시간 데이터를 분석하고, 운전자가 개입하지 않아도 차량이 자동으로 주행할 수 있도록 설계되었다. 이를 통해 테슬라는 전기차의 효율성뿐만 아니라 안전성과 편의성을 크게 향상시켰다.

테슬라는 전기차 생산 효율성을 높이기 위해 기가팩토리라는 대규모 생산 시설을 설립했다. 기가팩토리는 배터리와 차량 부품을 동시에 생산하는 수직 통합 생산 시스템을 도입하여 비용을 절감하고 생산 속도를 높이는 데 기여했다. 일론 머스크는 테슬라의 생산 공정을 '머신machine을 만드는 머신'이라고 표현하며 자동화와 로봇 기술을 적극적으로 활용했다. 테슬라는 자동차 제조의 각 단계를 자동화하여 인적 오류human error를 줄이고, 대량 생산 체계를 확립했다. 그러나 초기 자동화 과정에서는 로봇의 과도한 활용으로 인해 생산 일정이 지연되는 문제가 발생하기도 했다. 머스크는 이를 해결하기 위해 생산 라인의 균형을 조정하고 자동화와 인간 노동의 적절한 결합을 통해 최적의 효율성을 달성했다.

테슬라의 기술 혁신은 단순히 전기차 개발에만 국한되지 않았다. 머스크는 전기차를 지속 가능한 에너지 생태계의 핵심 요소로 간주하고, 이를 뒷받침하는 인프라와 에너지 저장 솔루션을 함께 개발했다. 테슬라는 전 세계에 고속 충전소 네트워크를 구축하여 전기차 사용자의 충전 걱정을 해소하고, 장거리 주행의 편리성을 보장했다. 또한 가정용 및 상업용 에너지 저장 시스템인 파워월Powerwall과 파워팩Powerpack을 출시하여, 전기차와 태양광 패널을 결합한 통합 에너지 솔루션을 제공했다.

테슬라의 전기차 기술 혁신과 생산 전략은 기존 자동차 산업의 경계를 허물고 지속 가능한 미래를 위한 길을 제시했다. 배터리 기술의 발전, 플랫폼 표준화, 자율주행 기술의 통합, 그리고 생산 공정의 혁신을 통해 테슬라는 전기차 시장에서 독보적인 입지를 확보했다. 이 모든 과정은 머스크의 기술적 비전과 실행력이 결합된 결과물이며, 전기차 대중화를 통해 지속 가능한 에너지 전환을 가속화하고자 하는 그의 궁극적인 목표를 실현하는 데 기여했다.

에너지 저장 사업과 태양광 확장

테슬라는 전기차뿐만 아니라 에너지 저장 사업과 태양광 기술 확장을 통해 지속 가능한 에너지 생태계를 구축하는 데 주력하고 있다. 일론 머스크는 테슬라의 목표를 단순히 전기차 제조로 국한하지 않았으며, 전기차를 중심으로 한 통합 에너지 솔루션을 통해 세계적인 에너지 문제를 해결하고자 했다. 이러한 비전은 에너지 저장 기술 개발과 태양광 사업 확장으로 이어지며, 테슬라를 지속 가능한 에너지 혁신의 선두 주자로 자리 잡게 했다.

에너지 저장 기술은 테슬라의 사업 전략에서 핵심적인 역할을 한다. 전기차는 에너지 저장 장치로 활용될 수 있지만, 머스크는 이를 넘어 가정용과 상업용으로도 활용할 수 있는 독립적인 에너지 저장 솔루션을 개발하고자 했다. 이를 위해 테슬라는 2015년 가정용 에너지 저장 시스템인 파워월과 상업용 에너지 저장 시스템인 파워팩을 출시했다. 파워월은 태양광 패널과 연결하여 가정에서 생성된 잉여 전력을 저장하고, 필요할 때 사용할 수 있는 혁신적인 장치이다. 이는 에너지 소비 패턴을 바꾸고, 소비자가 전력망에 덜 의존하게 만들어 전기 요금을 절감하는 동시에 신뢰성을 높이는 데 기여했다.

상업용 솔루션인 파워팩은 대규모 시설과 공장, 전력망 수준에서 에너지 저장을 지원하며, 태양광과 풍력 같은 재생 가능 에너지의 간헐성을 해결하는 데 중요한 역할을 한다. 파워팩은 전력망에서 생성된 에너지를 저장하고, 전력 수요가 급증하거나 발전소의 생산이 부족할 때 이를 방출함으로써 전력 공급의 안정성을 보장한다. 이러한 기술은 세계 여러 지역에서 큰 관심을 받았으며, 호주, 미국 캘리포니아주 등에서 대규모 전력망 프로젝트에 활용되었다. 특히 호주 남부 지역에서는 세계 최대 규모의 리튬 이온 배터리 프로젝트를 성공적으로 완료하며 테슬라의 에너지 저장 기술이 실질적으로 전력 문제를 해결할 수 있음을 입증했다.

테슬라는 또한 태양광 사업을 통해 지속 가능한 에너지의 대중화를 가속화하고 있다. 2016년 테슬라는 태양광 기술 전문 기업인 솔라시티SolarCity를 인수하며 태양광 사업을 본격적으로 확장했다. 솔라시티는 가정과 기업이 태양광 패널을 설치하고 이를 통해 전력을 생산할 수 있도록 지원하는 서비스를 제공했다. 테슬라는 이 인수를 통해 에너지 생성에서 저장, 활용까지 완전한 에너지 솔루션을 제공할 수 있는 기반을 마련했다. 이후 테슬라는 기존 태양광 패널의 단순한 기능을 넘어, 디자인과 성능을 개선한 태양광

지붕Solar Roof을 개발했다. 이 제품은 전통적인 태양광 패널보다 더 세련된 디자인을 제공하며, 태양광 전력 생산과 주택 외관의 미적 가치를 동시에 충족시키는 혁신적인 기술로 주목받았다.

태양광과 에너지 저장 기술의 결합은 테슬라가 지속 가능한 에너지 생태계를 구축하는 데 중요한 요소로 작용했다. 테슬라는 전 세계적으로 슈퍼차저 네트워크Supercharger Network를 구축하며 전기차 충전 인프라를 확장하는 동시에, 태양광과 배터리를 활용해 전기차 충전소를 완전히 재생 가능 에너지로 운영할 수 있도록 노력하고 있다. 이는 전기차 운전자들이 더욱 친환경적인 방식으로 차량을 사용할 수 있도록 지원하며, 테슬라의 환경적 목표와도 부합한다.

테슬라의 에너지 저장 사업과 태양광 확장은 단순히 기술 개발을 넘어, 에너지 사용 방식 자체를 근본적으로 변화시키려는 머스크의 철학을 반영한다. 머스크는 에너지가 모든 경제 활동의 기반이라고 보았으며, 지속 가능한 에너지 시스템을 구축하지 않는다면 인류의 미래가 위험해질 것이라고 주장했다. 이러한 철학은 테슬라의 모든 제품과 서비스에 스며들어 있으며, 전기차, 에너지 저장 장치, 태양광 솔루션이 서로 연결되어 하나의 통합된 생태계를 이루도록 설계되었다.

테슬라의 에너지 저장 사업과 태양광 확장은 단순히 수익 창출을 넘어, 환경 문제를 해결하고 에너지 독립성을 높이는 데 기여했다. 이러한 노력을 통해 테슬라는 단순한 전기차 제조업체를 넘어, 지속 가능한 에너지 혁신의 아이콘으로 자리 잡았다. 머스크의 비전은 테슬라를 기술 혁신의 상징으로 만들었을 뿐만 아니라, 전 세계적으로 에너지 사용 방식의 변화를 촉진하며 지속 가능한 미래를 위한 길을 열었다.

스페이스X,
우주로 향하는 도전

민간 우주 개발의 시작과 비전

스페이스X는 민간 우주 개발의 새로운 시대를 연 선구적인 기업으로, 일론 머스크의 독특한 비전과 도전 정신을 바탕으로 설립되었다. 머스크는 2002년 스페이스X를 설립하며 우주 개발을 정부 주도의 영역에서 민간으로 확장하고, 우주여행과 탐사를 보다 저렴하고 효율적으로 만드는 것을 목표로 삼았다. 그의 궁극적인 비전은 인류가 다행성 종multi-planetary species이 되는 것이다. 그는 인간의 생존 가능성을 높이기 위해 화성 이주와 같은 우주 식민지가 반드시 필요하다고 믿었으며, 이를 위해 민간 우주 개발의 길을 열고자 했다.

머스크가 우주에 대한 관심을 가지게 된 계기는 어린 시절 읽었던 공상과학 소설과 과학책에서 비롯되었다. 그는 항상 인류의 미래를 고민하며, 지구라는 한정된 환경에 의존하는 것은 장기적으로 위험하다고 생각했다. 이러한 철학적 배경은 그가 스페이스X를 설립하게 된 직접적인 동기가 되었다. 스페이스X는 처음부터 야심 찬 목표를 가지고 출발했다. 기존의 정부 주도 우주 개발, 특히 NASA의 모델은 높은 비용 구조와 느린 개발 속도가 문제로 지적되었다. 머스크는 민간 기업이 이 문제를 해결할 수 있다고 확신했으며, 스페이스X를 통해 우주 개발의 효율성을 극대화하고 비용을 대폭 절감하는 방안을 모색했다.

스페이스X의 초기 목표는 재사용 가능한 로켓을 개발하는 것이었다. 이는 기존 우주 개발의 가장 큰 비용 문제를 해결할 수 있는 열쇠로 여겨졌다. 전통적인 로켓은 단발성으로 사용된 후 대기권에 재진입하며 파괴되었기 때문에, 매번 새로운 로켓을 제작해야 하는 막대한 비용이 발생했다. 머스크는 로켓을 비행기처럼 반복 사용할 수 있다면 발사 비용을 획기적으로 줄일 수 있다고 보았다. 이 같은 아이디어는 당시로서는 혁신적인 것이었으며, 많은 전문가들이 기술적으로 불가능하다고 회의적인 반응을 보였다. 그러나 머스크는 이러한 반대 의견에도 굴하지 않고 재사용 로켓 개발을 최우선 과제로 삼았다.

스페이스X는 설립 초기부터 자금 부족과 기술적 도전이라는 큰 장벽에 직면했다. 머스크는 자신의 재산 대부분을 회사에 투자하며 초기 연구와 개발을 지원했다. 스페이스X의 첫 번째 로켓인 팰컨 1Falcon 1은 이러한 초기 도전의 상징적인 프로젝트였다. 팰컨 1의 개발 과정은 수많은 실패로 가득했다. 첫 번째 발사는 연료 누출로 인해 실패했으며, 두 번째와 세 번째 발사도 각각 엔진 고장과 로켓 분리 실패로 이어졌다. 이로 인해 회사는 심각한 자금난에 빠졌고, 머스크의 개인 자산도 고갈 직전에 이르렀다. 그러나 그는 포기하지 않았다. 그는 네 번째 발사를 준비하며 회사의 모든 자원을 쏟아부었고, 2008년 네 번째 발사는 성공적으로 궤도에 도달하며 스페이스X의 생존을 가능하게 했다.

팰컨 1의 성공은 스페이스X가 본격적으로 NASA와 같은 정부 기관뿐만 아니라 민간 시장에서도 신뢰를 얻는 계기가 되었다. 이후 스페이스X는 더 큰 목표를 설정하고, 팰컨 9Falcon 9과 팰컨 헤비Falcon Heavy와 같은 차세대 로켓 개발에 나섰다. 특히 팰컨 9은 재사용 가능한 1단 부스터를 장착하여, 발사와 착륙이 여러 번 가능하도록 설계되었다. 2015년, 팰컨 9의 1단 부스터가 성공적으로 착륙하며 재사용 로켓 개발의 가능성을 현실화했다. 이는 전 세계 우주 산업에 큰 반향을 일으켰고, 스페이스X가 우주 개발의 선두주자로 자리 잡는 데 중요한 전환점이 되었다.

스페이스X의 비전은 단순히 기술적 혁신에 그치지 않았다. 머스크는 우주여행의 대중화와 화성 식민지화를 궁극적인 목표로 설정했다. 그는 우주선 드래건Dragon과 같은 화물 및 승객 운송용 우주선을 개발하여, 우주를 더 많은 사람이 접근할 수 있는 장소로 만들고자 했다. 드래건은 NASA의 국제우주정거장ISS에 화물을 운송하며 신뢰를 입증했으며, 이후에는 승객 운송용 모델인 크루 드래건Crew Dragon을 통해 인간 우주비행의 상업화를 실현했다. 2020년 크루 드래건은 민간 기업 최초로 우주비행사를 국제우주정거장으로 성공적으로 운송하며 또 한 번의 혁신을 이루었다.

스페이스X의 성공은 민간 우주 개발의 새로운 가능성을 제시했다. 머스크는 기존의 정부 중심 우주 프로그램의 한계를 극복하며, 우주를 상업적이고 효율적으로 개발할 수 있음을 입증했다. 이는 단순히 비용 절감 이상의 의미를 가진다. 머스크는 스페이스X를 통해 우주가 더 이상 국가의 독점적 영역이 아니며, 민간 기업이 주도적으로 인류의 우주 확장을 이끌 수 있음을 보여주었다.

스페이스X는 단순한 우주 기술기업을 넘어, 인류가 새로운 차원의 가능성을 탐구하는 데 필요한 플랫폼을 제공하는 선구적인 역할을 수행하고 있다. 이러한 비전은 머스크의 철학과 맞물려 있으며, 그는 스페이스X를 통해 지구를 넘어선 인류의 미래를 설계하고 있다.

재사용 로켓 기술의 혁신

재사용 로켓 기술은 스페이스X의 가장 중요한 혁신 중 하나로, 우주 개발 비용을 획기적으로 낮추고 우주 산업의 패러다임을 변화시킨 핵심 요소이다. 일론 머스크는 우주 탐사가 지속 가능하고 상업적으로 실현 가능하려면 기존의 단발성 로켓 사용 방식을 반드시 바꿔야 한다고 생각했다. 기존의 우주 개발 모델에서는 로켓이 한 번 사용된 후 대부분 파괴되었고, 이는 막대한 비용을 초래했다. 머스크는 로켓을 마치 비행기처럼 반복적으로 사용할 수 있다면 발사 비용을 대폭 줄일 수 있을 것이라고 확신했다.

스페이스X는 설립 초기부터 재사용 가능한 로켓 개발을 최우선 과제로 삼았다. 이를 실현하기 위해 첫 번째로 개발된 로켓은 팰컨 1이었다. 팰컨 1은 소형 위성을 궤도에 올리는 데 초점을 맞춘 비교적 단순한 모델이었으나, 이 로켓의 개발 과정에서 스페이스X는 로켓의 재사용 가능성을 탐구하기 위한 기초 기술을 확보했다. 그러나 팰컨 1은 재사용을 목표로 설계되지 않았으며, 스페이스X는 이후 더 크고 강력한 팰컨 9 개발에 착수했다.

팰컨 9은 재사용 가능한 1단 부스터를 중심으로 설계되었다. 로켓의 1단 부스터는 전체 발사 비용의 상당 부분을 차지하며, 이를 회수하고 재사용할 수 있다면 발사 비용을 크게 절감할 수 있었다. 그러나 로켓이 궤도에 도달한 후 다시 지구로 돌아와 착륙하는 과정은 기술적으로 극복해야 할 난관이 많았다. 로켓이 대기권에 재진입할 때 발생하는 엄청난 열과 압력을 견디기 위한 내열 기술, 그리고 로켓의 방향을 제어하고 안정적으로 착륙하기 위한 정밀한 제어 기술이 필요했다.

스페이스X는 이러한 문제를 해결하기 위해 여러 혁신적인 기술을 개발했다. 우선, 로켓의 대기권 재진입 시 충격을 줄이기 위해 새로운 소재와 설계를 도입했다. 또한, 로켓의 방향과 자세를 제어하기 위한 그리드 핀Grid Fins과 같은 시스템을 추가하여 착륙 정확도를 높였다. 이와 함께, 로켓이 착륙 시 속도를 제어하고 안정적으로 지면에 닿을 수 있도록 추력 조절이 가능한 엔진을 설계했다. 특히, 팰컨 9의 메인 엔진인 멀린Merlin 엔진은 고도의 효율성과 신뢰성을 바탕으로 설계되어, 재사용 가능성을 극대화했다.

스페이스X의 재사용 로켓 개발 과정은 수많은 실패와 도전을 동반했다. 팰컨 9의 초기 시험 발사에서 로켓이 대기권 재진입 후 착륙 중 폭발하거나, 목표 지점에서 벗어나는 사례가 반복적으로 발생했다. 이러한 실패는 많은 비판을 받았으나, 머스크는 실패를 학습의 기회로 삼아 기술을 지속적으로 개선했다. 그는 재사용 로켓이 성공할 때까지 끊임없이 자원을 투자하고, 기술팀을 독려하며 프로젝트를 이어갔다.

2015년, 팰컨 9의 1단 부스터가 발사 후 성공적으로 지구로 귀환하여 착륙하면서 재사용 로켓 기술이 현실화되었다. 이 성공은 스페이스X와 우주 산업에 있어 역사적인 순간이었다. 팰컨 9의 1단 부스터는 발사 후 대서양에 위치한 드론 선박에 정확히 착륙하였으며, 이는 스페이스X가 로켓의 회수와 재사용을 가능하게 했다는 것을 의미했다. 이후 스페이스X는 재사용 로켓 기술을 더욱 발전시켜, 같은 로켓을 여러 번 발사하고 착륙시키는 데 성공했다.

재사용 로켓 기술의 도입은 우주 산업의 경제성을 근본적으로 변화시켰다. 팰컨 9의 재사용을 통해 스페이스X는 발사 비용을 기존 대비 최대 90%까지 절감할 수 있었다. 이는 상업 위성 발사, 과학 연구, 우주여행 등 다양한 우주 활동의 문턱을 낮추는 데 기여했다. 또한, 재사용 기술은 스페이스X가 국제우주정거장에 화물을 운송하거나, 대규모 스타링크 위성 네트워크를 구축하는 등의 프로젝트를 빠르고 경제적으로 실행할 수 있도록 만들었다.

재사용 로켓 기술의 성공은 스페이스X가 우주 탐사의 선두 주자로 자리 잡는 데 결정적인 역할을 했다. 이 기술은 단순히 비용 절감의 차원을 넘어, 우주 개발이 지속 가능하고 상업적으로 실현 가능한 산업이 될 수 있음을 입증했다. 머스크는 재사용 로켓이 화성 탐사와 같은 대규모 프로젝트를 가능하게 하는 필수적인 기술이라고 강조했으며, 이를 통해 스페이스X의 궁극적인 목표인 화성 이주를 향한 발판을 마련했다.

스페이스X의 재사용 로켓 기술은 단순히 기술적 혁신으로만 끝

나지 않았다. 이는 우주 산업 전반에 걸쳐 새로운 표준을 제시하며, 전 세계적으로 우주 탐사의 접근성을 높이는 데 기여했다. 머스크는 이러한 기술적 성과를 통해 우주가 더 이상 특정 국가나 기관의 독점적 영역이 아닌, 인류 전체를 위한 새로운 기회의 장이 될 수 있음을 증명했다. 재사용 로켓 기술은 스페이스X의 핵심적인 업적 중 하나로, 앞으로의 우주 탐사와 상업적 우주 활동에 있어 중요한 전환점이 되었으며, 우주 산업의 미래를 새롭게 정의하는데 기여하고 있다.

스타링크와 우주 인터넷 네트워크

스타링크는 스페이스X가 추진하는 글로벌 위성 인터넷 프로젝트로, 지구 전역에 초고속 인터넷 서비스를 제공하기 위해 설계된 우주 기반 네트워크이다. 이 프로젝트는 수천수만 개의 소형 위성을 저궤도에 발사하여, 기존의 지상 기반 인터넷 인프라로는 접근이 어려운 지역에도 안정적이고 빠른 인터넷 연결을 제공하는 것을 목표로 한다. 일론 머스크는 스타링크를 통해 인터넷 접근성이 제한된 지역과 국가에 정보와 기술의 격차를 줄이고, 전 세계적인 디지털 통합을 이루겠다는 비전을 제시했다.

스타링크 프로젝트는 기존 위성 인터넷과 비교하여 여러 면에서 혁신적이다. 전통적인 위성 인터넷은 고궤도(지구로부터 약 35,000km)에 위치한 소수의 대형 위성을 기반으로 하며, 이는 데이터 전송 속도가 느리고 지연 시간이 긴 문제가 있었다. 반면 스타링크는 저궤도(지구로부터 약 200km~2,000km)에 수많은 소형 위성을 배치함으로써, 데이터 전송 거리를 줄이고 지연 시간을 크게 감소시켰다. 이러한 저궤도 위성 네트워크는 지구의 거의 모든 지역에서 빠르고 안정적인 인터넷 연결을 가능하게 한다.

스타링크 위성은 스페이스X의 팰컨 9 로켓을 통해 대량으로 발사된다. 스페이스X는 한 번의 발사로 최대 60개의 스타링크 위성을 궤도에 배치할 수 있는 능력을 보유하고 있으며, 이는 스타링크 네트워크를 빠르게 확장하는 데 기여하고 있다. 머스크는 약 12,000개의 위성을 목표로 네트워크를 구축하고 있으며, 향후 30,000개 이상의 추가 위성을 발사하여 네트워크를 더욱 강화할 계획이다. 이 대규모 위성 네트워크는 기존의 인터넷 인프라로는 연결이 어려운 오지, 농촌 지역, 재난 지역 등에서도 초고속 인터넷 서비스를 제공할 수 있다.

스타링크의 기술적 혁신은 단순히 위성 배치와 데이터 전송 속도를 넘어선다. 각 위성은 레이저 통신 기술을 사용하여 서로 데이터를 주고받으며, 지상국 없이도 효율적인 데이터 전송을 가능하게 한다. 또한, 위성은 지구 상공에서 궤도를 유지하면서 충돌을 방지하기 위해 자율적으로 경로를 조정하는 AI 시스템을 탑재하고 있다. 이러한 기술은 네트워크의 안정성을 높이고, 지속 가능한 위성 운영을 가능하게 한다.

스타링크는 상업적 인터넷 서비스뿐만 아니라, 글로벌 사회에 중요한 공공 서비스 역할도 수행할 수 있다. 인터넷 접근이 제한된 개발도상국에서는 스타링크가 교육, 의료, 경제 활동을 지원하는 데 중요한 역할을 할 수 있다. 예를 들어, 인터넷 연결이 어려운 지역의 학생들은 스타링크를 통해 온라인 교육 자료와 강의를 활용할 수 있으며, 의료 종사자들은 원격 의료 서비스를 제공할 수 있다. 또한, 자연재해나 전쟁 등으로 기존 인프라가 파괴된 지역에서는 스타링크가 긴급한 통신 네트워크를 제공하는 중요한 수단이 될 수 있다.

스타링크는 이미 상업적으로도 큰 가능성을 보여주고 있다. 초기 서비스는 2020년부터 미국, 캐나다 등 북미 지역을 중심으로 시작되었으며, 사용자들은 안정적이고 빠른 인터넷 속도를 경험하고 있다. 특히 인터넷 인프라가 열악한 지역의 사용자들은 스타링크의 서비스가 기존의 지상 기반 인터넷보다 훨씬 우수하다고 평가하고 있다. 스페이스X는 스타링크를 통해 수십억 달러의 연간 수익을 창출할 것으로 예상하며, 이 수익은 스페이스X의 다른 프로젝트, 특히 화성 탐사와 같은 대규모 우주 개발 계획을 지원하는 데 사용될 예정이다.

스타링크 프로젝트는 기술적 성과와 함께 여러 가지 도전과 논란도 동반하고 있다. 저궤도에 수천 개의 위성을 배치하는 과정에서 발생하는 우주 쓰레기 문제는 중요한 논의 대상이 되었다. 위성 충돌과 궤도 혼잡 문제는 다른 우주 기관과 민간 기업들에게도 영향을 미칠 수 있는 잠재적인 위험 요소이다. 이를 해결하기 위해 스페이스X는 위성이 임무를 마친 후 대기권으로 진입해 안전하게 소멸하도록 설계했으며, 지속 가능한 위성 운영 방안을 개발하고 있다. 또한, 천문학사들은 대규모 위성 네트워크가 천체 관측에 방해가 될 수 있다고 우려를 표명하고 있으며, 스페이스X는 위성 반사율을 줄이기 위한 코팅 기술과 설계를 도입하여 이러한 문제를 완화하려고 노력하고 있다.

스타링크는 단순한 인터넷 서비스 제공 이상의 의미를 가진다. 이는 글로벌 통신의 새로운 표준을 제시하며, 지구 전역의 인터넷 접근성을 혁신적으로 향상시키고 있다. 머스크는 스타링크를 통해 디지털 정보 격차를 줄이고, 전 세계적으로 더 많은 사람들이 현대 사회의 기술적 혜택을 누릴 수 있도록 기여하고자 한다. 이는 스페이스X의 장기적인 목표와도 연결되며, 화성 이주와 같은 대규모 우주 탐사 프로젝트를 실현하기 위한 기반을 마련하는 데 중요한 역할을 하고 있다.

스타링크는 우주 기술과 인터넷 연결의 경계를 허물며, 현대 사회에서 기술이 가진 힘을 실질적으로 보여주는 사례가 되고 있다.

머스크의 비전은 단순히 상업적 성공을 넘어, 인류가 정보와 기술의 격차를 극복하고, 더 나은 미래를 건설하는 데 기여하는 것이다. 스타링크는 이러한 비전의 일환으로, 인터넷 접근성을 확대하고 글로벌 통신의 미래를 선도하는 데 중추적인 역할을 하고 있다.

X, 소셜미디어와 새로운 여정

디지털 플랫폼 비즈니스의 변화 전략

X의 혁신적 변화와 도전은 디지털 플랫폼의 새로운 패러다임을 보여주는 중요한 사례이다. 일론 머스크의 트위터 인수는 2022년 4월, 440억 달러라는 천문학적인 금액으로 시작되어 복잡한 법적 공방을 거쳐 같은 해 10월에 최종 완료되었다. 이후 2023년 7월, 머스크는 플랫폼의 이름을 'X'로 변경하며 획기적인 변화의 신호탄을 쏘아 올렸다. 이는 단순한 브랜드 변경이 아닌, '만능 앱Everything App'이라는 야심 찬 비전을 향한 첫걸음이었다.

머스크의 비전은 중국의 위챗을 모델로 한 슈퍼 앱을 구축하는 것으로, 소셜미디어의 경계를 넘어 금융, 커뮤니케이션, 엔터테인먼트를 아우르는 통합 플랫폼을 만드는 것이었다. 이를 위해 X는 끊임없는 혁신과 기능 확장을 진행하고 있는데, 오디오/비디오 통화 기능 도입, 실시간 스트리밍 서비스 강화, 구인구직 플랫폼 기능 추가, 암호화폐 결제 시스템 도입 준비 등 다양한 서비스를 통합하며 플랫폼의 영역을 확장하고 있다.

특히 주목할 만한 것은 X의 AI 기술 도입이다. 그록 AI 챗봇 서비스 출시를 시작으로, AI 기반 콘텐츠 추천 알고리즘 개선, 실시간 번역 시스템 고도화, AI 활용 콘텐츠 모더레이션 강화 등 첨단 기술을 적극적으로 활용하고 있다. 이러한 기술 혁신은 사용자 경험을 획기적으로 개선하고, 플랫폼의 가치를 높이는데 핵심적인 역할을 하고 있다.

수익 모델의 혁신도 주목할 만한 변화이다. 트위터 블루Twitter Blue(현 X 프리미엄) 서비스를 개편하고, 광고 플랫폼을 리뉴얼하며, 크리에이터 수익화 프로그램을 확대하는 등 구독 기반 비즈니스 모델을 강화하고 있다. 이는 기존 광고 중심의 수익 구조에서 벗어나 더욱 다양하고 안정적인 수익원을 확보하려는 노력의 일환이다.

하지만 이러한 변화 과정에서 여러 도전과제도 직면하고 있다. 주요 광고주들의 이탈로 인한 광고 수익 감소, 콘텐츠 모더레이션 정책 변경에 따른 논란, 블루 체크마크 유료화에 대한 사용자들의 반발 등이 대표적이다. 특히 허위 정보 확산에 대한 우려와 표현의 자유와 플랫폼 책임 사이의 균형 문제는 계속해서 해결해야 할 과제로 남아있다.

일론 머스크는 트위터 인수 후 X로 서비스를 변경하면서, 콘텐츠 모더레이션 정책을 완화했다. 이는 기존의 콘텐츠 규제 정책을 표현의 자유를 강화하기 위해 완화한 것을 의미한다. 이러한 변화는 혐오 표현과 허위 정보 확산에 대한 우려를 초래하기도 했다. 아울러 블루 체크마크 유료화를 시작했다. 인증된 사용자에게 부여되는 파랑색 배지 표시는 사용자가 유료 월 구독 서비스로 전환한 것을 의미한다.

그럼에도 불구하고 X의 미래 전망은 밝은데, AI 기술 통합으로 인한 서비스 고도화, 블록체인 기술 활용 확대, 메타버스 관련 기능 도입 등 다양한 기술 혁신의 가능성을 보유하고 있다. 또한 금융 서비스 영역 진출, 이커머스 플랫폼으로의 확장, 글로벌 디지털 결제 시장 진입 등 시장 확장의 기회도 풍부하다.

X의 이러한 변화는 플랫폼 비즈니스의 미래를 보여주는 중요한 사례가 되고 있다. X는 소셜미디어의 역할 확장, 통합 플랫폼으로의 진화 필요성, 수익 모델 다변화의 중요성 등을 잘 보여주고 있다. 또한 AI 기술 활용의 필요성, 사용자 경험 최적화의 중요성, 보안과 프라이버시 보호의 균형 등 기술 혁신의 방향성도 제시하고 있다.

X의 변화는 단순한 플랫폼의 변화를 넘어 디지털 서비스의 미래를 보여주는 중요한 이정표가 되고 있다. 비록 여러 도전과제가 있지만, 지속적인 혁신과 사용자 중심의 서비스 개발을 통해 새로운 가능성을 모색하고 있으며, 이는 디지털 플랫폼의 진화 방향을 제시하고 있다. 앞으로 X가 어떻게 이러한 도전과제들을 극복하고 새로운 가치를 창출해 낼지 주목할 필요가 있다.

X 플랫폼으로의 전환과 AI 통합

X 플랫폼으로의 전환과 AI 통합은 소셜미디어의 새로운 혁신을 보여주는 중요한 전환점이다. 2023년 7월 트위터의 X로의 변신은 단순한 브랜드 교체가 아닌, 디지털 플랫폼의 새로운 지평을 여는 전략적 결정이었다. 이는 일론 머스크가 구상하는 '만능 앱'이라는 비전을 실현하기 위한 첫 단계로, 소셜미디어를 넘어 통합 디지털 서비스 플랫폼으로의 도약을 의미하는 것이다.

X의 AI 통합은 플랫폼의 핵심 경쟁력을 강화하는 중요한 전략적 요소다. 그록 AI의 도입은 단순한 챗봇 서비스 추가가 아닌, 사용자 경험을 근본적으로 변화시키는 혁신적인 시도이다. 이 AI 시스템은 실시간 정보 분석, 맥락 기반 대화, 개인화된 콘텐츠 추천

등을 제공하며, 플랫폼의 지능화를 이끌고 있다.

콘텐츠 모더레이션 영역에서도 AI의 역할이 크게 강화되었다. 딥러닝 기반의 알고리즘은 유해 콘텐츠를 실시간으로 감지하고 필터링하며, 허위 정보의 확산을 방지하는 데 핵심적인 역할을 한다. 이는 플랫폼의 신뢰성과 안전성을 높이는 동시에, 표현의 자유와 책임 있는 콘텐츠 관리 사이의 균형을 맞추는 데 기여하고 있다.

사용자 경험 측면에서도 AI 기술은 혁신적인 변화를 가져오고 있다. 개인화된 피드 알고리즘은 사용자의 관심사와 행동 패턴을 분석하여 최적화된 콘텐츠를 제공하며, 실시간 번역 시스템은 언어 장벽을 넘어선 글로벌 커뮤니케이션을 가능하게 한다. 또한 AI 기반의 트렌드 분석은 실시간으로 주요 이슈와 토픽을 파악하여 사용자에게 제공하고 있다.

광고 플랫폼에서도 AI의 활용이 두드러진다. 머신러닝machine learning 기반의 타기팅targeting 시스템은 광고 효율성을 높이고, 광고주들에게 더 정확한 성과 분석을 제공한다. 이는 수익성 향상뿐만 아니라, 사용자에게도 더 관련성 높은 광고 콘텐츠를 제공하는 결과로 이어지고 있다.

보안과 프라이버시 보호에서도 AI 기술이 중요한 역할을 수행한다. 지능형 보안 시스템은 계정 해킹, 스팸, 봇 활동 등을 실시간으로 감지하고 차단하며, 사용자의 개인정보를 보호하는 데 핵심적인 역할을 한다. 이는 플랫폼의 안정성과 신뢰성을 높이는 중요한 요소가 되고 있다.

X의 결제 시스템 통합에도 AI 기술이 적극 활용되고 있다. 사기 거래 감지, 리스크 분석, 사용자 인증 등에 AI 알고리즘이 적용되어 안전하고 효율적인 금융 서비스를 제공하는 기반이 되고 있다. 이는 플랫폼의 금융 서비스 확장에 핵심적인 기술적 토대가 되고 있다.

현재 X의 자회사인 X 페이먼츠X Payments는 애리조나, 미시간 등 미국 내 31개 주에서 송금사업 면허를 확보한 상태이다. 이는 다양한 금융 및 비금융 기능을 통합한 '만능 앱'으로 전환하려는 노력의 일환으로 볼 수 있다.

미래 발전 방향에서도 AI의 역할은 더욱 확대될 전망이다. 메타버스 통합, AR/VR 기능 확장, 블록체인 기술과의 융합 등 새로운 기술 영역에서도 AI는 중심적인 역할을 수행할 것으로 예상된다. 특히 차세대 AI 모델의 도입은 더욱 자연스럽고 지능적인 사용자 경험을 제공할 것으로 기대된다.

X의 이러한 변화와 AI 통합은 디지털 플랫폼의 미래를 선도하는 혁신적인 시도로 평가받고 있다. 비록 여러 기술적, 사회적 도전과제가 있지만, 지속적인 기술 혁신과 사용자 중심의 서비스 개발을 통해 새로운 가능성을 끊임없이 모색하고 있다. 이는 디지털 플랫폼의 진화 방향을 제시하는 중요한 이정표가 되고 있으며, 앞

으로의 발전이 더욱 기대되는 부분이다.

정치적, 경제적 영향력 확장

X의 정치적, 경제적 영향력 확장은 디지털 플랫폼이 현대 사회에 미치는 파급력을 보여주는 중요한 사례이다. 일론 머스크의 인수 이후, X는 단순한 소셜미디어 플랫폼을 넘어 글로벌 여론 형성과 경제적 흐름에 강력한 영향을 미치는 핵심 플랫폼으로 자리 잡고 있다.

정치적 영향력 측면에서 X는 전 세계 정치 담론의 중심 무대로 기능하고 있다. 정치인들의 직접적인 소통 창구이자 정책 발표 플랫폼으로 활용되며, 특히 선거 기간에는 유권자들과의 소통과 여론 형성에 결정적인 역할을 하고 있다. 실시간 정보 전파와 즉각적인 반응이 가능한 플랫폼의 특성은 정치적 의제 설정과 여론 형성에 강력한 영향력을 행사하는 기반이 되고 있다.

경제적 측면에서도 X의 영향력은 지속적으로 확대되고 있다. 기업들의 마케팅 플랫폼으로서의 역할을 넘어, 주식 시장과 가상화폐 시장에 즉각적인 영향을 미치는 정보 전파 채널로 기능하고 있다. 특히 머스크의 발언이나 플랫폼의 정책 변화는 관련 산업과 시장에 직접적인 파급효과를 일으키는 경우가 빈번하다.

X의 콘텐츠 모더레이션 정책 변화는 언론의 자유와 표현의 자유에 대한 새로운 담론을 형성하고 있다. 플랫폼의 정책 변화는 단순한 운영 방침의 수정을 넘어, 디지털 시대의 언론과 표현의 자유에 대한 근본적인 논의를 불러일으키고 있다. 이는 디지털 플랫폼의 사회적 책임과 역할에 대한 중요한 화두를 던지고 있다.

기업 경영과 브랜드 커뮤니케이션에서도 X의 영향력은 계속해서 증가하고 있다. 기업들의 실시간 고객 소통, 위기관리, 브랜드 이미지 구축에 있어 X는 필수적인 플랫폼이 되었다. 특히 기업의 사회적 책임CSR과 ESG(환경, 사회, 지배구조 측면에서 지속 가능성을 고려한 기업 경영 및 투자 기준을 의미) 활동의 소통 창구로서 X의 역할은 더욱 중요해지고 있다.

금융 서비스 영역으로의 확장은 X의 경제적 영향력을 한층 강화하고 있다. 결제 시스템 도입, 암호화폐 통합 등을 통해 새로운 형태의 금융 생태계를 구축하려는 시도는 전통적인 금융 시스템에도 변화를 촉발하고 있다. 이는 디지털 경제의 새로운 패러다임을 제시하는 중요한 시도로 평가받고 있다.

글로벌 여론 형성에 있어서도 X의 역할은 계속해서 확대되고 있다. 국제적인 이슈에 대한 실시간 정보 공유와 토론의 장으로서, X는 글로벌 시민사회의 소통 플랫폼으로 자리 잡았다. 특히 긴급 상황이나 위기 시에 정보 전파와 여론 형성에 중추적인 역할을 수행하고 있다.

더불어 X는 디지털 민주주의의 새로운 실험장이 되고 있다. 시민들의 직접적인 정치 참여, 정책 제안, 여론 형성이 실시간으로 이루어지며, 이는 전통적인 정치 참여 방식을 변화시키고 있다. 이러한 변화는 민주주의의 디지털 전환을 가속화하는 촉매제 역할을 할 수도 있다.

X의 영향력 확장은 새로운 형태의 권력 구조를 만들어내고 있다. 플랫폼이 가진 정보 통제력과 여론 형성력은 전통적인 미디어나 정치권력과는 다른 차원의 영향력을 행사하고 있다. X의 성치적, 경제적 영향력 확장은 디지털 시대의 새로운 권력 구조와 사회 변화를 상징하는 중요한 현상이다. 앞으로도 이러한 영향력은 계속해서 확대될 것으로 예상되며, 이에 따른 사회적 책임과 역할에 대한 논의도 더욱 활발해질 것으로 전망된다. X가 이러한 영향력을 어떻게 행사하고 관리해 나갈지는 디지털 사회의 미래를 가늠하는 중요한 척도가 될 것이다.

뉴럴링크,
인간과 기술의 경계

뇌-컴퓨터 인터페이스 기술 개발

뉴럴링크는 인간과 기술의 경계를 허무는 혁신적인 뇌-컴퓨터 인터페이스 기술을 개발하는 기업이다. 이 기술은 인간의 뇌와 컴퓨터를 직접 연결하여, 생각만으로 디지털 장치를 제어하거나 정보를 교환할 수 있도록 돕는다. 뉴럴링크의 목표는 초기 단계에서는 신경 장애, 척수 손상, 뇌 질환과 같은 의학적 문제를 해결하는 데 초점을 맞추고 있지만, 궁극적으로는 인간의 능력을 기술적으로 확장하는 데 있다. 이는 단순한 의료 기술의 발전을 넘어, 인간과 AI의 통합이라는 미래 비전을 제시한다는 점에서 혁신적이다.

뉴럴링크의 핵심 기술은 초미세 전극과 칩을 인간의 뇌에 이식하여 뇌 신호를 직접 읽고, 이를 디지털 신호로 변환하는 것이다. 이를 통해 컴퓨터나 스마트 기기를 제어하거나, 심지어는 인공적으로 생성된 감각을 뇌로 전달할 수 있다. 뉴럴링크가 개발한 전극은 기존의 뇌-컴퓨터 인터페이스 기술보다 훨씬 정밀하고, 다량의 데이터를 동시에 처리할 수 있는 능력을 갖추고 있다. 이러한 기술적 특징은 뉴럴링크가 기존의 뇌-컴퓨터 인터페이스와 차별화되는 중요한 강점이다.

뉴럴링크는 초기 단계에서 뇌졸중, 알츠하이머병, 파킨슨병과 같은 신경계 질환을 치료하거나, 척수 손상으로 인해 신체 일부가 마비된 환자들이 다시 움직일 수 있도록 돕는 기술을 개발하고 있다. 예를 들어, 척수 손상으로 인해 다리가 마비된 환자가 뉴럴링크의 인터페이스를 통해 로봇 보조기구를 제어하거나, 뇌파를 통해 의사소통을 할 수 있는 가능성이 열리고 있다. 이러한 기술은 신경과학 및 의공학 분야에서 혁신적인 돌파구로 여겨지고 있다.

뉴럴링크의 장기적인 비전은 인간의 뇌와 컴퓨터 간의 실시간 데이터 교환을 가능하게 하여 인간의 지적 능력을 극대화하는 것이다. 이는 단순히 정보를 저장하거나 불러오는 것을 넘어, 인간과 AI가 서로 협력하고 융합할 수 있는 새로운 형태의 지능을 창출하는 가능성을 제시한다. 이를 통해 AI가 발전함에 따라 인간이 뒤

처지지 않고, 기술적 발전 속에서도 인간의 역량을 보존하고 확장할 수 있는 길을 열어준다.

뉴럴링크는 또한 인간의 감각과 신체 능력을 확장하는 데에도 기여할 가능성을 가지고 있다. 뇌-컴퓨터 인터페이스를 통해 인간은 기존의 오감 이상의 감각을 경험하거나, 원격으로 로봇을 제어하며 새로운 작업 환경에 적응할 수 있다. 이는 우주 탐사, 군사 작전, 원격 의료 등 여러 산업 분야에서 새로운 가능성을 열어주는 중요한 기술적 도약이 될 수 있다.

뉴럴링크의 기술은 윤리적, 사회적 논의를 불러일으키는 중요한 주제이기도 하다. 뇌-컴퓨터 인터페이스가 널리 사용될 경우, 개인의 뇌 신호와 같은 민감한 데이터의 보안 문제, 기술 남용 가능성, 인간 정체성에 대한 철학적 논의 등이 주요한 쟁점으로 떠오를 것이다. 특히 뉴럴링크가 인간의 능력을 기술적으로 증강하는 것을 목표로 하는 만큼, 이 기술이 인간 사회에 미치는 긍정적, 부정적 영향을 면밀히 검토하고 대응할 필요가 있다.

뉴럴링크는 인간과 기술의 경계를 허물고, 인간의 신체와 정신 능력을 획기적으로 확장할 수 있는 가능성을 제시하고 있다. 이는 단순히 기술 개발의 성과를 넘어, 인간의 삶과 사회를 근본적으로 변화시킬 수 있는 잠재력을 가지고 있다. 뉴럴링크의 연구와 개발 과정은 현대 기술의 한계를 극복하고, 인간과 기술의 융합이라는 새로운 장을 열어가고 있다.

의료 혁신 및 윤리적 논란

뉴럴링크는 뇌-컴퓨터 인터페이스 기술을 통해 의료 분야에서 혁신적인 변화를 이끌고 있다. 뉴럴링크의 기술은 뇌 신호를 디지털화하여 신체의 기능을 복원하거나 증강하는 것을 목표로 하며, 이는 신경계 질환과 관련된 여러 의료 문제를 해결하는 데 큰 잠재력을 가지고 있다. 이는 기존 의료 기술로는 해결하기 어려웠던 문제를 해결할 수 있는 획기적인 진전을 의미한다.

뉴럴링크는 특히 신경계 질환 치료에서 혁신적인 돌파구를 제공하고 있다. 뇌졸중, 알츠하이머병, 파킨슨병과 같은 질환은 현재 전통적인 약물 치료나 물리치료로는 완전한 회복이 어려운 경우가 많다. 뉴럴링크의 기술은 이러한 질환으로 인해 손상된 신경 연결을 복구하거나 대체하는 방식으로 환자들에게 새로운 희망을 주고 있다. 또한, 우울증과 같은 정신 건강 문제를 해결하기 위한 기술적 가능성도 연구하고 있다. 뉴럴링크의 뇌-컴퓨터 인터페이스는 뇌 신호를 조절하거나 모니터링함으로써 정신 건강 치료에 혁신적인 접근법을 제시할 수 있다.

이와 함께 뉴럴링크의 기술은 첨단 의료 기기의 새로운 패러다임을 형성하고 있다. 기존의 의료 기기와 달리 뉴럴링크는 초미세 전극과 칩을 뇌에 직접 이식하여 데이터를 수집하고 처리하는 방식을 사용한다. 이러한 기술은 신경계의 세밀한 신호를 보다 정확하게 해석하고, 이를 기반으로 환자 맞춤형 치료를 제공할 수 있는 가능성을 열어준다. 특히, 뇌 신호를 실시간으로 처리하여 환자가 즉각적인 반응을 얻을 수 있도록 하는 것은 기존 의료 기술에서는 불가능했던 혁신적인 발전이다.

그러나 뉴럴링크의 기술은 윤리적 논란을 불러일으키고 있다. 첫 번째 논란은 뇌-컴퓨터 인터페이스의 데이터 보안 문제이다. 뉴럴링크는 인간의 뇌 신호라는 매우 민감한 데이터를 다루고 있으며, 이러한 데이터가 외부로 유출되거나 악용될 가능성에 대한 우려가 제기되고 있다. 예를 들어, 뇌 신호를 해킹하여 개인의 생각이나 의도를 조작할 수 있다는 시나리오는 공상과학 소설의 이야기가 아니라 현실적인 문제로 다가오고 있다.

두 번째 윤리적 쟁점은 인간 정체성에 대한 논의이다. 뉴럴링크의 기술이 인간의 능력을 증강할 수 있는 가능성을 열어주지만, 이는 동시에 인간과 기계의 경계를 모호하게 만들고 있다. 뇌-컴퓨터 인터페이스를 통해 인간의 뇌가 디지털화되고, 이를 통해 AI와 통합된다면 인간의 정체성과 독립성이 훼손될 수 있다는 우려가 있다. 이는 인간 본질에 대한 철학적 논의를 촉발하며, 기술 발전과 인간성 보존 사이의 균형을 찾는 문제가 중요하게 떠오르고 있다.

또한 뉴럴링크의 기술은 사회적 불평등 문제를 심화시킬 가능성이 있다. 뇌-컴퓨터 인터페이스 기술이 고가의 치료나 장비로 제한된다면, 경제적으로 여유가 있는 사람들만이 이를 활용할 수 있을 것이다. 이는 기술의 혜택이 일부 계층에만 집중되고, 기존의 사회적 불평등 구조를 강화할 수 있는 잠재적인 위험을 내포하고 있다.

마지막으로 뉴럴링크의 실험 과정에 대한 윤리적 논란도 있다. 뇌-컴퓨터 인터페이스 기술 개발 과정에서 동물 실험이 광범위하게 이루어지고 있으며, 이는 동물 윤리에 대한 문제를 제기하고 있다. 동물의 뇌에 칩을 이식하고 실험을 반복하는 과정에서 윤리적 기준을 어떻게 설정하고 준수할 것인지가 중요한 논의 대상이다. 또한, 인간 대상 실험으로 확대되는 과정에서 피험자의 안전성과 권리를 보장하는 문제도 함께 검토되어야 한다.

뉴럴링크는 의료 혁신의 새로운 장을 열고 있지만, 동시에 윤리적, 사회적 논의의 중심에 서 있다. 뇌-컴퓨터 인터페이스 기술이 가져올 긍정적 변화와 더불어 잠재적 위험을 모두 고려하여 책임 있는 기술 개발과 적용이 이루어져야 한다. 이러한 과정을 통해 뉴럴링크는 단순히 기술기업을 넘어, 인간과 기술의 공존 가능성을 탐구하는 중요한 사례로 자리 잡을 것이다.

장기적 비전,
인간 능력의 증폭

뉴럴링크의 장기적 비전은 뇌-컴퓨터 인터페이스 기술을 통해 인간의 신체적, 정신적 능력을 극대화하고, AI와의 융합을 통해 새로운 형태의 인간 능력을 창출하는 것이다. 이 비전은 단순히 의료 기술의 발전을 넘어서 인간 존재의 본질을 확장하고, 기술과 인간의 경계를 재정의하려는 혁신적 목표를 담고 있다. 뉴럴링크는 이를 실현하기 위해 첨단 기술을 개발하며 인간과 기계 간의 실시간 데이터 교환을 가능하게 하는 플랫폼을 구축하고 있다.

뉴럴링크의 핵심 기술은 초미세 전극과 칩을 뇌에 이식하여 인간의 뇌 신호를 디지털화하는 것이다. 이를 통해 뇌가 컴퓨터와 직접 소통하고, 이를 기반으로 다양한 작업을 수행할 수 있다. 장기적으로 뉴럴링크는 이러한 기술을 사용하여 인간의 기억, 사고 과정, 그리고 문제 해결 능력을 확장하려는 목표를 가지고 있다. 이는 인간의 자연적 한계를 뛰어넘는 능력을 부여할 수 있으며, 특히 정보 습득과 처리 속도를 극적으로 향상시키는 데 기여할 것이다. 예를 들어, 복잡한 언어를 즉시 이해하거나, 방대한 양의 데이터를 실시간으로 처리하는 능력은 뉴럴링크의 기술을 통해 가능해질 수 있다.

또한 뉴럴링크는 인간과 AI의 통합을 통해 새로운 형태의 지능을 창출하는 것을 목표로 하고 있다. 인간의 창의성과 직관적 사고는 AI의 연산 능력과 분석력을 결합함으로써 더욱 강력해질 수 있다. 뉴럴링크는 이러한 결합이 인간의 생산성과 효율성을 극대화할 뿐만 아니라, 인간이 현재의 기술적 한계를 넘어설 수 있도록 돕는 데 기여할 것이라고 본다. 이는 단순히 기계가 인간의 보조 역할을 하는 것을 넘어서, 인간과 AI가 대등하게 협력하며 새로운 형태의 지적 생태계를 형성하는 것을 의미한다.

뉴럴링크의 장기적 비전은 인간의 신체적 능력 확장에도 초점을 맞추고 있다. 뉴럴링크의 뇌-컴퓨터 인터페이스 기술은 장애를 가진 사람들에게 신체적 자유를 복원하는 데 중요한 역할을 할 수 있으며, 건강한 사람들에게는 기존의 신체적 한계를 초월하는 능력을 부여할 가능성을 제공한다. 예를 들어, 인간이 뉴럴링크의 기술을 통해 로봇 팔이나 다리를 자연스럽게 제어하거나, 추가적인 감각을 경험할 수 있게 된다면, 이는 인간의 물리적 능력을 크게 증대시킬 것이다. 이러한 기술은 우주 탐사, 군사 작전, 원격 작업 등 다양한 분야에서 혁신적인 응용 가능성을 열어준다.

아울러 뉴럴링크는 인간의 감각을 증폭시키는 데에도 기여할 가능성을 가지고 있다. 뇌-컴퓨터 인터페이스를 통해 인간은 기존의 오감 이상의 새로운 감각을 경험할 수 있다. 예를 들어, 원격 위치에서의 데이터를 직접 뇌로 전송받아 이해하거나, 새로운 형태의 감각 입력을 처리할 수 있다. 이는 인간의 경험 범위를 확장하고, 전통적인 감각을 넘어선 새로운 지각 능력을 제공할 수 있다. 이러한 기술은 인류의 환경 적응 능력을 극대화하며, 특히 극한 환경에서의 작업이나 새로운 생태계 탐험에 중요한 역할을 할 것이다.

또한 뉴럴링크의 비전은 인간의 기억력을 획기적으로 확장하는 데 기여할 수 있다. 뇌-컴퓨터 인터페이스를 통해 인간의 기억을 외부 디지털 장치에 저장하거나, 과거의 기억을 다시 불러오는 기술이 가능해질 수 있다. 이는 인간이 기억력을 잃지 않고 정보를 지속적으로 저장하고 관리할 수 있는 새로운 방식의 지적 능력을 제공할 것이다. 특히 학습 능력 향상, 정보 저장과 검색의 혁신은 교육, 연구, 과학 기술 분야에서 강력한 영향을 미칠 수 있다.

이와 함께 인류가 언어와 문화의 장벽을 극복할 수 있는 기술적 가능성 역시 뉴럴링크는 제시하고 있다. 뇌-컴퓨터 인터페이스를 통해 서로 다른 언어를 사용하는 사람들이 실시간으로 소통할 수 있는 기술은 글로벌화된 사회에서 중요한 역할을 할 것이다. 이는 단순한 번역 기술을 넘어, 직접적인 뇌파 해석과 교환을 통해 즉각적인 의사소통을 가능하게 하며, 전 세계 인류 간의 협력을 강화하는 데 기여할 것이다.

뉴럴링크의 장기적 비전은 인간의 능력을 증폭시키는 것을 넘어, 인간의 정체성과 기술의 본질에 대한 새로운 논의를 촉진하는 데 있다. 이러한 기술은 인간과 기계의 관계를 재정의하며, 인류가 기술의 수동적 소비자가 아닌 적극적 창조자로서의 역할을 할 수 있도록 돕는다. 뉴럴링크는 인간과 기술이 협력하며 상호 발전할 수 있는 미래를 설계하고 있으며, 이는 현대 사회와 미래 세대에 걸쳐 중요한 변화를 이끌어낼 잠재력을 가지고 있다.

전쟁의 서막

각국 정부와의 협력과 갈등

일론 머스크의 글로벌 기업들인 테슬라, 스페이스X, X, 그리고 뉴럴링크는 각국 정부와의 협력과 갈등이라는 정치적 도전 속에서 운영되고 있다. 이들 기업은 각각의 산업에서 혁신적인 기술과 비즈니스 모델을 통해 세계적인 영향력을 확장해 나가고 있지만, 동시에 각국의 규제와 정치적 환경 속에서 여러 난관에 직면하고 있다. 이는 일론 머스크의 기업들이 단순히 혁신을 넘어서 정치적, 경제적 힘의 한 축으로 부상하고 있다는 점을 보여준다.

테슬라는 글로벌 전기차 시장에서 선두를 달리며, 각국 정부와의 긴밀한 협력이 필수적인 기업이다. 전기차 시장은 친환경 정책과 직접적으로 연결되어 있으며, 이는 각국 정부의 보조금, 세제 혜택, 충전 인프라 구축 지원 등의 정책적 지원에 크게 의존하고 있다. 그러나 이러한 협력은 모든 국가에서 순조롭게 이루어지지 않는다. 예를 들어, 테슬라는 중국과 같은 주요 시장에서 정부의 규제와 외국 기업에 대한 감시 강화 속에서 데이터 보안 및 기술 이전 문제로 어려움을 겪기도 한다. 반면, 유럽에서는 친환경 규제 강화로 전기차 시장이 확대되는 가운데, 현지 생산 공장인 기가팩토리 건설을 통해 유럽 정부와의 협력을 증대하고 있다. 이는 테슬라가 각국 정부의 정책과 규제에 얼마나 민감하게 영향을 받는지를 보여주는 사례이다.

스페이스X는 우주 산업의 글로벌 리더로 자리 잡으면서 각국 정부와의 복잡한 관계 속에서 활동하고 있다. 스페이스X는 주로 미국 정부와의 협력을 통해 성장해 왔으며, 특히 NASA와의 계약을 기반으로 우주 탐사 및 상업용 로켓 발사 시장에서 두각을 나타내고 있다. 그러나 스페이스X가 구축한 글로벌 위성 인터넷 네트워크인 스타링크는 각국 정부와의 갈등을 초래하기도 한다.

특히, 스타링크의 위성 통신 서비스는 일부 국가에서 국가 안보와 관련된 우려를 불러일으켰다. 예를 들어, 특정 국가에서는 스타링크가 정부의 통신 감시 체계를 우회할 수 있다는 이유로 제한을 가하거나 허가를 지연시키는 사례가 발생했다. 이는 스페이스 X가 국가별로 상이한 정치적, 규제적 요구 사항에 어떻게 대응해야 하는지를 잘 보여준다.

X는 글로벌 소셜미디어 플랫폼으로서 각국 정부와의 협력과 갈등 속에서 활동하고 있다. X는 전 세계 정치적 담론의 중심지로 자리 잡으며, 정치인들과 시민들의 직접적인 소통 창구로 활용되고 있다. 그러나 이러한 특성은 각국 정부와의 갈등을 초래하기도 한다. 예를 들어, 일부 국가에서는 플랫폼상의 콘텐츠 모더레이션 정책과 표현의 자유 문제가 논란이 되며, X가 특정 정부의 검열 요구를 수용하거나 거부하는 과정에서 갈등이 발생했다. 이는 디지털 플랫폼이 단순히 기술기업을 넘어 글로벌 정치 무대에서 영향력을 행사하는 존재로 변모했음을 의미한다.

뉴럴링크는 뇌-컴퓨터 인터페이스 기술을 개발하며 의료와 인간 증강이라는 새로운 영역을 개척하고 있지만, 동시에 각국의 윤리적 규제와 안전성 검증이라는 과제와 직면하고 있다. 특히, 인간의 뇌에 직접 영향을 미치는 기술이라는 점에서 일부 국가에서는 이러한 혁신에 대해 보수적인 접근 방식을 취하고 있다. 이는 뉴럴링크가 각국의 의료 규제와 기술 윤리 기준을 충족해야 하는 정치적 도전에 직면하고 있음을 보여준다.

일론 머스크의 기업들은 각국 정부와 협력하여 성장의 기회를 모색하는 동시에, 각국의 정치적, 규제적 갈등 속에서 균형을 맞춰야 하는 상황에 놓여 있다. 이는 글로벌 사업이 단순히 기술 혁신에 의존하는 것이 아니라, 각국의 정치적 환경과 규제 체계에 얼마나 전략적으로 대응하는 것이 중요한지를 시사한다.

혁신과 규제를 둘러싼 논쟁

혁신과 규제를 둘러싼 논쟁은 기술 발선과 경세 성장, 그리고 사회적 안정 사이의 균형을 다루는 복잡한 문제이다. 이러한 논쟁은 주로 기술 혁신이 규제를 완화하거나 재구성해야 한다는 주장과, 혁신이 가져올 수 있는 잠재적 위험을 관리하기 위해 규제를 강화해야 한다는 주장 사이에서 이루어진다. 규제를 완화해야 한다는 입장은 기존 규제가 혁신적인 아이디어와 기술의 시장 진입을 방해하며, 이를 제거하면 경제적 부가가치 창출과 기술 발전이 가속화된다고 본다. 우버와 에어비앤비 같은 플랫폼 기업은 기존 규제를 우회하며 성공적으로 성장한 사례이며, 자율주행차와 AI 분야에서도 규제 완화가 기술 시험과 상용화에 긍정적 영향을 미친다고 주장한다. 그러나 규제 완화는 소비자 보호와 개인정보 보안, 환경 문제와 같은 사회적 이슈를 초래할 위험이 있다는 점에서 비판받는다.

반대로 규제를 강화해야 한다는 입장은 혁신 기술이 사회적 불평등, 윤리적 문제, 환경 파괴와 같은 부정적 영향을 야기 할 가능성이 크다는 점을 강조한다. 데이터와 AI 기술의 윤리적 문제를 해결하기 위한 GDPR(유럽의 데이터 보호 규정) 같은 규제는 데이터 사용 기준을 명확히 하여 개인정보 보호를 강화하며, 전기차 배터리 생산과 같은 분야에서는 환경 보호를 위해 규제 강화가 필요하다고 주장한다. 그러나 지나치게 엄격한 규제는 스타트업과 신기술 기업의 성장을 저해할 수 있다는 점에서 우려를 낳는다.

혁신과 규제를 둘러싼 논쟁은 일론 머스크의 사업을 중심으로 더욱 두드러진다. 머스크는 테슬라, 스페이스X, X, 뉴럴링크와 같은 혁신적 기업들을 통해 기술 발전의 최전선에 서 있다. 그의 사업은 기존 규제의 한계를 시험하며, 혁신과 규제 사이의 균형을 둘러싼 논쟁을 더욱 부각시키고 있다.

머스크의 사업에서 규제 완화가 필요한 이유는 그의 기업들이 기존 산업의 경계를 허물고 있기 때문이다. 테슬라는 전통적인 자동차 산업에서 전기차 혁신을 주도하며, 배출가스 규제를 통해 시장을 확대했지만 동시에 기존의 자동차 제조업 규제와 충돌하기도 했다. 스페이스X는 민간 우주 탐사 시대를 열며 정부 중심의 우주 정책을 재구성하도록 압박하고 있다. 이러한 혁신은 신속한 기술 개발과 시장 진입을 위해 규제를 완화해야 한다는 주장의 근거가 되고 있다.

반면, 머스크의 사업들은 규제를 강화해야 한다는 논쟁을 촉발하기도 한다. 테슬라의 자율주행 기술은 윤리적 문제와 안전성 논란을 불러일으켰으며, 뉴럴링크의 뇌-컴퓨터 인터페이스 기술은 인간의 신경계와 직접 연결되는 기술이 가져올 윤리적 문제를 제기하고 있다. 스타링크의 위성 인터넷은 전 세계 인터넷 접근성을 확대했지만, 우주 쓰레기 문제와 전파 간섭이라는 새로운 문제를 야기했다. 이처럼 혁신의 속도가 규제보다 앞설 때 발생하는 사회적 위험은 규제 강화의 필요성을 강조한다.

머스크의 사례는 혁신과 규제가 충돌하지 않고 조화를 이루는 방법을 모색해야 함을 보여준다. 규제 샌드박스와 같은 접근법은 혁신 기술이 제한된 환경에서 실험되고, 그 결과를 토대로 규제가 재정비될 수 있는 기회를 제공한다. 아울러 일론 머스크의 사업은 혁신이 규제의 틀을 시험하고 재정비하도록 만드는 새로운 계기가 되기도 한다. 이러한 논쟁은 단순히 기술적 문제를 넘어 사회적, 윤리적, 환경적 문제와 연결되며, 장기적인 관점에서 혁신과 규제가 어떻게 조화를 이룰지에 대한 고민을 요구한다.

ELON

3장

규제와의 전쟁

MUSK

ELON
MUSK

자율주행 vs 안전, NHTSA와의 갈등

NHTSA는 왜 테슬라와 갈등을 빚는가?

미국 고속도로교통안전국NHTSA과 테슬라의 대립은 자율주행 시대로 향하는 자동차 산업의 거대한 변화와 그에 따른 갈등을 대변하는 사례다. 1970년 설립된 미국 고속도로교통안전국은 자동차 안전을 책임지는 정부 기관으로, 안전 기준을 만들고 결함 있는 차량에 리콜을 지시할 수 있는 강력한 권한을 가지고 있다. 이 기관이 테슬라와 정면충돌하게 된 것은 '오토파일럿'이라는 혁신적인 자율주행 시스템 때문이다.

테슬라의 오토파일럿과 관련한 사고가 여럿 발생하면서 고속도로교통안전국은 회사가 충분한 안전장치 없이 베타 버전 기술을 실제 도로에서 테스트하고 있다고 비판했다. 또한 '오토파일럿 Autopilot'이나 '완전자율주행Full Self-Driving, FSD'이라는 용어가 실제 기능보다 과대광고라며, 이런 명칭이 소비자들에게 잘못된 기대를 준다고 우려했다. 테슬라는 이에 맞서 고속도로교통안전국의 규제가 지나치게 보수적이며 혁신을 가로막는다고 반박했다.

이 갈등은 신기술이 등장할 때마다 반복되는 '안전'과 '혁신' 사이의 딜레마를 보여준다. 고속도로교통안전국은 "안전이 최우선"이라는 입장이지만, 테슬라는 "과도한 규제가 기술 발전을 저해한다"고 주장한다. 특히 자율주행이라는 완전히 새로운 기술이 도입되는 상황에서, 기존의 규제 틀로는 이를 적절히 관리할 수 없다는 문제도 제기된다.

테슬라와 고속도로교통안전국의 충돌은 앞으로 자율주행차가 대중화될 때 어떤 규제가 필요한지, 안전과 혁신의 균형은 어떻게 맞춰야 하는지에 대한 중요한 선례가 될 것이다. 이는 단순히 한 기업과 규제기관의 다툼을 넘어, 자동차 산업의 미래를 결정할 수 있는 중대한 분수령이 되고 있다. 특히 글로벌 시장에서 테슬라의 영향력을 고려할 때, 이번 갈등의 결말은 다른 자동차 기업들의 자율주행 기술 개발과 상용화 전략에도 큰 영향을 미칠 것으로 예상된다.

오토파일럿을 둘러싼 갈등

테슬라와 고속도로교통안전국 간의 갈등은 자율주행 기술을 둘러싼 규제당국과 혁신기업의 전형적인 충돌 사례다. 특히 테슬라의 오토파일럿(차량의 차선 유지, 속도 조절, 차간 거리 유지 등 운전 보조 기능을 제공하여 주행의 안전성과 편의성을 향상시키는 시스템) 관련 사고 조사 과정에서 양측의 입장 차이는 더욱 선명하게 드러났다.

고속도로교통안전국의 주요 우려는 오토파일럿 시스템의 안전성과 신뢰성이다. 2016년 플로리다에서 발생한 첫 치명적 사고를 시작으로, 긴급차량 충돌사고, 갑작스러운 급제동 현상 등 다양한 안전 문제가 제기되었다. 특히 2021년부터는 테슬라 차량의 긴급차량 충돌사고에 대한 공식 조사에 착수했고, 이는 75만 대 이상의 리콜로 이어질 수 있는 중대한 사안이었다.

이에 대한 테슬라의 대응은 공세적이었다. 일론 머스크는 고속도로교통안전국의 조사를 '정치적 동기'에 의한 것이라 비판하며, 오토파일럿이 인간 운전자보다 안전하다는 데이터를 제시했다. 테슬라는 분기별로 '안전 보고서'를 발행하며, 오토파일럿 사용 시 사고율이 일반 운전 대비 현저히 낮다고 주장했다.

그러나 양측의 갈등은 단순한 안전성 논쟁을 넘어선다. 핵심 쟁점은 자율주행 기술의 검증과 규제 방식이다. 고속도로교통안전국은 전통적인 자동차 안전 규제 프레임워크를 적용하려 하지만, 테슬라는 이러한 접근이 혁신적 기술의 발전을 저해한다고 본다.

특히 테슬라의 '베타 테스트beta test' 방식이 논란이 되었다. FSD 베타 프로그램을 통해 '일반 도로'에서 개발 중인 기술을 테스트하는 테슬라의 방식은 고속도로교통안전국의 전통적인 안전 검증 절차와 정면으로 충돌한다. 테슬라는 이를 '실제 도로 데이터 수집'의 필요성으로 정당화하지만, 규제당국은 이를 '공공도로에서의 위험한 실험'으로 간주한다.

데이터 공유도 주요 갈등 지점이다. 고속도로교통안전국은 사고 조사를 위한 상세한 데이터를 요구하지만, 테슬라는 영업비밀을 이유로 제한적인 정보만을 제공한다. 이는 결과적으로 규제당국의 조사를 지연시키고, 양측의 불신을 심화시키는 요인이 되었다.

일론 머스크의 전략은 소셜미디어를 통한 직접적인 여론전이다. 그는 X를 통해 고속도로교통안전국의 조사를 비판하고, 테슬라의 안전성 데이터를 직접 공개하는 등 규제당국을 우회한 소통을 시도한다. 이는 전통적인 규제-피규제자 관계의 새로운 양상을 보여준다.

이러한 갈등은 단순히 한 기업과 규제당국의 대립을 넘어, 기술 혁신과 안전 규제의 근본적인 긴장 관계를 드러낸다. 미국 고속도로교통안전국의 전통적인 규제 방식이 AI와 소프트웨어가 주도하는 현대 자동차 기술의 발전 속도를 따라가지 못하는 것이 사실이다. 반면, 테슬라의 '빠른 혁신, 나중에 수정'이라는 접근방식은 공공안전을 위험에 빠뜨릴 수 있다.

결국 이는 자율주행이라는 혁신적 기술을 어떻게 규제할 것인가라는 더 큰 질문으로 이어진다. 기존의 규제 패러다임으로는 더 이상 충분하지 않으며, 새로운 형태의 규제 프레임워크가 필요하다는 점은 분명해 보인다. 이는 DOGE가 제안하는 정부 혁신의 필요성을 뒷받침하는 사례가 될 수 있다.

FSD 베타 프로그램을 둘러싼 안전성 논란

테슬라의 FSD 베타 프로그램은 규제당국과 업계에 전례 없는 도전을 제기했다. 일반 소비자들을 '베타 테스터'로 활용하는 테슬라의 접근방식은 자율주행 기술 개발의 새로운 패러다임을 제시했지만, 동시에 심각한 안전성 우려를 낳았다.

FSD 베타는 2020년 10월 처음 출시되었으며, 테슬라는 '안전 점수'라는 독자적인 기준을 도입하여 높은 점수를 받은 운전자들에게만 베타 테스트 참여 자격을 부여했다. 일론 머스크는 이를 "세계 최대 규모의 실제 도로 AI 훈련 프로그램"이라고 선전했다.

그러나 이러한 접근방식은 여러 측면에서 논란을 야기했다. 가장 큰 문제는 공공도로에서의 실험이다. 고속도로교통안전국은 개발 단계의 기술을 일반 도로에서 테스트하는 것이 다른 도로 사용자들의 안전을 위협할 수 있다고 지적했다.

전통적으로 자동차 안전 기술은 폐쇄된 시험장에서 충분히 검증된 후에야 공공도로에 도입되었다. 또한 '베타'라는 용어 사용도 논란이 되었다. 소프트웨어 업계에서 흔한 이 용어를 자동차 안전 시스템에 적용하는 것의 적절성에 대한 의문이 제기되었다. 소프트웨어 버그와 달리, 자율주행 시스템의 오류는 치명적인 결과를 초래할 수 있기 때문이다.

책임 소재의 불명확성도 주요 쟁점이다. 테슬라는 FSD 베타 사용자들에게 항상 주의를 기울이고 즉시 개입할 준비를 하라고 요구하지만, 사고 발생 시 책임 소재가 모호해질 수 있다. 실제로 여러 사고 조사에서 이 문제가 핵심 쟁점이 되었다.

이에 대한 일론 머스크의 대응은 특징적이었다. 우선 테슬라는 FSD 사용 시의 사고율이 일반 인간 운전자의 운전 대비 현저히 낮다는 데이터를 지속적으로 제시했다. 또한 소프트웨어 업데이트를 통한 지속적인 성능 개선이 가능하다는 점을 강조하며, FSD는 보조 시스템일 뿐이며 최종 책임은 운전자에게 있음을 분명히 했다. 더불어 완벽한 안전성을 추구하다가는 기술 발전이 저해될 수 있다는 논리를 폈다.

그러나 이러한 접근은 몇 가지 근본적인 문제를 드러낸다. 우선 안전과 혁신의 균형 문제다. 혁신의 속도를 높이기 위해 어느 정도의 위험을 감수할 수 있는가? 특히 공공도로라는 공유 공간에서 이는 더욱 민감한 문제가 된다. 규제의 시점도 중요한 쟁점이다. 개발 단계의 기술을 어느 시점에서 규제해야 하는가? 너무 이르면 혁신을 저해할 수 있고, 너무 늦으면 안전을 위협할 수 있다. 데이터의 투명성 문제도 있다. 테슬라가 제시하는 안전성 데이터는 독립적인 검증이 어렵다는 점에서 규제당국과 대중의 신뢰 형성을 어렵게 만든다.

FSD 베타를 둘러싼 논란은 기술 혁신과 공공안전이라는 두 가치의 충돌을 보여준다. 테슬라의 접근방식은 빠른 기술 발전을 가능케 했지만, 동시에 심각한 안전 우려를 낳았다. 이는 새로운 기술의 도입과 규제에 있어 더 정교한 균형점이 필요함을 시사한다. 특히 자율주행과 같은 혁신적 기술의 경우, 전통적인 규제 방식으로는 충분히 대응하기 어렵다는 점이 분명해졌다.

오토파일럿 마케팅에 대한 허위광고 소송

테슬라의 오토파일럿 마케팅은 규제당국과 소비자단체

로부터 지속적인 비판을 받아왔다. 핵심 쟁점은 '오토파일럿'이라는 명칭 자체가 실제 시스템의 기능보다 과대광고된 것이 아니냐는 것이다. 2016년부터 시작된 이 논쟁은 FSD 베타 프로그램의 도입과 함께 더욱 격화되었다. FSD는 테슬라에서 완전 자율주행 기능(레벨 4~5)을 목표로 개발 중인 소프트웨어로, 현재 일부 운전자들에게 테스트 목적으로 제공되고 있다. 또한, 현 단계는 레벨 2 수준인 관계로 기계에만 의존할 경우 위험하기 때문에 운전자 주도로 운전을 해야만 한다.

캘리포니아 차량관리국DMV은 2022년 테슬라를 상대로 허위광고 소송을 제기했다. 캘리포니아 차량관리국은 테슬라가 오토파일럿과 FSD의 기능을 과대 선전하여 소비자들에게 현재의 기술 수준보다 더 높은 자율주행 능력이 있는 것처럼 오해를 불러일으켰다고 주장했다. 특히 'FSD(완전 자율주행)'라는 용어 사용이 문제가 되었는데, 실제로 현재는 레벨 2 수준의 운전자 보조 시스템에 불과하다는 것이다.

독일에서는 '오토파일럿'이라는 용어 사용 자체가 금지되었다. 독일 법원은 이 용어가 소비자들에게 실제보다 높은 수준의 자율성을 기대하게 만든다고 판단했다. 이는 유럽의 다른 국가들에도 영향을 미쳐, 테슬라의 마케팅 전략에 상당한 제약을 가져왔다.

이에 대한 테슬라의 대응은 다면적이었다. 우선 법적으로는 모든 마케팅 자료와 사용자 매뉴얼에 명확한 경고문을 포함시켰다.

운전자가 항상 차량을 제어할 준비가 되어 있어야 하며, 시스템은 보조 기능일 뿐이라는 점을 강조했다. 또한 FSD 구매 시 별도의 고지를 통해 시스템의 한계를 명확히 전달하고 있다.

일론 머스크는 소셜미디어를 통해 적극적인 반론을 펼쳤다. 그는 '오토파일럿'이라는 용어가 항공 산업에서도 완전 자동화를 의미하지 않으며 조종사의 감독이 필요한 것처럼, 테슬라의 시스템도 같은 맥락에서 이해되어야 한다고 주장했다. 또한 테슬라의 안전 데이터를 공개하면서 오토파일럿 사용 시 사고율이 현저히 낮다는 점을 강조했다.

그러나 이러한 대응에도 불구하고, 소비자들의 혼란은 계속되고 있다. 여러 조사에 따르면, 상당수의 테슬라 운전자들이 시스템의 능력을 과대평가하는 경향이 있는 것으로 나타났다. 일부 운전자들은 유튜브나 소셜미디어에 운전대에서 완전히 손을 떼고 운전하는 영상을 올리기도 했는데, 이는 테슬라가 의도하지 않은 위험한 사용 행태를 보여준다.

더욱이 미국 연방거래위원회FTC는 테슬라의 마케팅이 '기만적 관행'에 해당할 수 있다고 보고 조사를 진행 중이다. 문제는 단순히 용어의 사용이 아니라, 전반적인 마케팅 전략이 소비자들에게 잘못된 기대를 심어줄 수 있다는 것이다. 특히 일론 머스크의 X 발언들이 종종 제품의 실제 능력과 괴리를 보이는 점이 지적되고 있다.

이러한 논란은 새로운 기술의 마케팅에 있어 중요한 교훈을 제공한다. 혁신적인 기술일수록 소비자들에게 정확한 정보를 전달하는 것이 중요하다. 이는 단순히 법적 책임의 문제를 넘어 안전과 직결되는 문제이기 때문이다. 특히 자율주행과 같이 생명과 직결된 기술의 경우, 과대광고로 인한 오해는 치명적인 결과를 초래할 수 있다.

실시간 데이터 공유 거부와 규제기관과의 마찰

테슬라와 미국 고속도로교통안전국 간의 가장 첨예한 갈등 지점 중 하나는 실시간 데이터 공유 문제다. 자율주행 차량의 안전성 검증을 위해서는 상세한 운행 데이터가 필수적이지만, 테슬라는 이를 영업비밀로 간주하며 제한적인 정보만을 공개해 왔다. 이러한 데이터 공유 거부는 규제기관과의 지속적인 마찰을 야기했다.

고속도로교통안전국은 2021년부터 테슬라에 오토파일럿 관련 상세 데이터를 요구했다. 특히 긴급차량 충돌사고 조사와 관련하여 사고 전후의 상세한 차량 데이터, 센서 정보, 의사결정 로직 등을 요청했다. 그러나 테슬라는 이러한 요구에 소극적으로 대응했다. 제공된 데이터마저도 대부분 이미 공개된 정보이거나, 분석이 어려운 형태로 제공되었다는 것이 고속도로교통안전국의 평가다.

일론 머스크는 이러한 데이터 공유 거부를 여러 측면에서 정당화했다. 우선 경쟁사들에게 핵심 기술이 유출될 수 있다는 우려를 제기했다. 테슬라의 자율주행 기술은 수년간의 실도로 데이터 수집과 AI 학습의 결과물이며, 이는 회사의 가장 중요한 자산이라는 것이다. 또한 개별 사고 데이터보다는 전체적인 안전성 통계가 더 중요하다고 주장하며, 분기별 안전 보고서를 통해 이를 공개하고 있다.

그러나 그의 이러한 태도는 여러 문제를 야기했다. 첫째, 규제 당국의 적절한 조사와 감독을 어렵게 만들었다. 사고 원인을 정확히 파악하고 재발을 방지하기 위해서는 상세한 데이터 분석이 필수적이지만, 테슬라의 비협조로 이는 제한적일 수밖에 없었다. 둘째, 테슬라가 자체적으로 공개하는 안전성 데이터의 신뢰 문제다. 독립적인 검증이 불가능한 상황에서, 이러한 데이터는 제한적인 가치만을 가질 수밖에 없다.

더욱이 테슬라의 이러한 태도는 다른 자율주행 업체들과도 대조된다. 웨이모나 크루즈 같은 경쟁사들은 규제당국과 비교적 원활한 데이터 공유를 하고 있다. 이들은 안전성 검증을 위한 데이터 공유가 장기적으로 업계 전체의 신뢰도 향상에 기여할 것이라고 보고 있다.

실시간 데이터 공유 문제는 자율주행 기술의 특수성을 잘 보여준다. 전통적인 자동차 기술과 달리, 자율주행은 지속적인 학습과 업데이트가 필요한 AI 기반 시스템이다. 따라서 한 번의 검증으로는 충분하지 않으며, 실시간에 가까운 모니터링이 필요하다. 그러나 현재의 규제 체계는 이러한 특성을 충분히 반영하지 못하고 있다.

동시에 이는 혁신 기업의 영업비밀 보호와 공공안전이라는 두 가치의 충돌을 보여준다. 테슬라 입장에서 자율주행 데이터는 핵심 경쟁력이지만, 공공도로에서 운행되는 차량의 안전성은 사회적 책임의 영역이다. 이러한 갈등은 기존의 규제 프레임워크로는 해결하기 어려운 새로운 도전을 제기한다.

배출권 거래 문제가 테슬라에 왜 중요한가?

전기차 산업을 선도하는 테슬라에게 탄소 배출권 거래는 단순한 환경 규제 준수 차원을 넘어서는 핵심적인 비즈니스 전략이자 수익 창출 수단이다. 전통적인 자동차 제조사들이 각국 정부의 엄격한 배출가스 규제를 맞추기 위해 막대한 비용을 투자하고 고심하는 상황에서, 테슬라는 오히려 이 규제를 자사의 이익으로 전환하는데 성공했기 때문이다.

테슬라가 생산하는 모든 차량은 100% 전기차로, 주행 과정에서 온실가스를 전혀 배출하지 않는다는 특징을 가지고 있다. 이러한 친환경적 특성은 각국 정부로부터 '탄소 배출권' 또는 '제로 배출 크레딧credit'이라는 형태로 인정받게 되는데, 테슬라는 이 크레딧을 배출 규제를 충족하지 못한 다른 자동차 제조사들에게 판매할 수 있다. 즉, 테슬라는 전기차를 생산하고 판매하는 것만으로도 추가적인 수익을 창출할 수 있는 독특한 비즈니스 모델을 구축한 것이다.

특히 이 배출권 거래를 통한 수익은 생산 원가나 운영비가 거의 들지 않는 순수익의 성격이 강해, 테슬라의 전반적인 수익성 개선에 매우 큰 도움이 되어왔다. 회사 설립 초기 단계에서는 이 배출권 판매 수익이 테슬라의 재정적 생존과 지속적인 성장에 결정적인 역할을 했으며, 현재도 안정적이고 중요한 수익원으로 자리 잡고 있다.

더욱이 세계 각국이 기후변화 대응을 위해 자동차 산업의 환경 규제를 강화하는 추세 속에서, 테슬라의 배출권 거래는 더욱 큰 의미를 가지게 되었다. 테슬라는 이처럼 다른 기업들에게는 부담이 되는 환경 규제를 오히려 비즈니스 기회로 전환시키며 자사의 경쟁력을 강화하고 있으며, 이는 테슬라가 지속 가능한 성장을 이어갈 수 있는 중요한 동력이 되고 있다.

전기차 시장이 확대되고 환경 규제가 더욱 강화되는 미래에도 테슬라의 이러한 배출권 거래 전략은 회사의 수익성과 성장성을 뒷받침하는 핵심 요소로 작용할 것으로 예상된다.

미국 환경보호국EPA과의 배출권 거래는 테슬라의 핵심 수익원이자 환경 정책에 대한 영향력을 행사하는 중요한 전략적 도구이다. 특히 캘리포니아주의 ZEVZero Emission Vehicle(무공해 자동차) 크레딧 제도를 활용한 테슬라의 전략은 매우 정교하게 설계되어 있다. 순수 전기차만을 생산하는 테슬라는 다른 제조사들과 달리 모든 생산 차량에서 배출 크레딧을 획득할 수 있으며, 이렇게 확보한 잉여 크레딧을 배출 규제를 맞추지 못한 다른 자동차 제조사들에게 판매하여 상당한 수익을 창출하고 있다.

이러한 크레딧 거래는 2020년까지 테슬라에게 약 35억 달러의 추가 수익을 안겨주었으며, 이는 테슬라의 초기 성장과 수익성 확보에 결정적인 역할을 했다. 테슬라는 이러한 배출권 거래 제도를 단순한 수익 창출 수단을 넘어 산업 전반의 변화를 이끄는 전략적 도구로 활용하고 있다. 특히 다른 제조사들이 테슬라로부터 크레딧을 구매해야 하는 상황은 이들에게 상당한 비용 부담을 안기며, 이는 결과적으로 전기차 전환을 가속화하는 압박으로 작용한다.

테슬라는 이러한 구조를 더욱 강화하기 위해 배출권 거래 제도의 개선을 지속적으로 요구하며 적극적인 로비활동을 펼치고 있다. 이는 환경 정책 전반에 대한 테슬라의 발언권을 강화하는 동시에, 자동차 산업의 패러다임을 전기차 중심으로 전환하는데 기여하고 있다. 테슬라의 배출권 거래 전략은 단기적인 수익 창출을 넘어, 산업 구조를 재편하고 테슬라의 시장 지배력을 강화하는 장기적인 전략으로 작용하고 있다.

이러한 전략은 환경 규제를 테슬라의 경쟁 우위로 전환시키는 동시에, 전통적인 자동차 제조사들의 전기차 전환을 가속화하는 촉매제 역할을 하고 있다. 더불어 테슬라는 이러한 배출권 거래를 통해 확보한 수익을 연구개발과 생산시설 확대에 재투자함으로써, 전기차 시장에서의 선도적 위치를 더욱 공고히 하고 있다.

배출권 거래를 둘러싼 대립

일론 머스크와 테슬라는 배출권 거래를 둘러싸고 환경보호국 및 규제기관들과 여러 갈등을 겪어왔다. 주요 갈등은 배출권 가격 산정 방식, 크레딧 인정 범위, 그리고 거래 시스템의 투명성 문제를 중심으로 전개되었다.

특히 캘리포니아주의 ZEV 크레딧 제도를 두고 테슬라는 규제기관과 여러 차례 마찰을 빚었다. 테슬라는 크레딧 가격이 시장 원리에 따라 자유롭게 결정되어야 한다고 주장한 반면, 규제당국은 가격 상한선 설정 등 시장 개입의 필요성을 제기했다. 이는 테슬라의 수익 모델에 직접적인 영향을 미치는 문제였기에 첨예한 갈등으로 이어졌다.

더불어 배출권 거래 시스템의 투명성 문제도 주요 갈등 요인이었다. 규제기관들은 테슬라의 크레딧 거래 내역과 가격 정보의 상세한 공개를 요구했지만, 테슬라는 이를 영업 기밀로 간주하며 저항했다. 이러한 정보 공개를 둘러싼 갈등은 배출권 거래 시스템 전반의 신뢰성 문제로 확대되기도 했다.

또한 테슬라는 크레딧 인정 범위의 확대 시도에 있어서도 규제기관과 충돌했다. 예를 들어, 테슬라는 배터리 교체 시스템이나 충전 인프라 구축 등에 대해서도 역할을 인정해 줄 것을 요구했지만, 규제기관은 이를 제한적으로만 수용했다. 이러한 갈등은 배출권 거래 제도의 기본 취지와 운영 방식에 대한 근본적인 시각차에서 비롯된 것이었다.

그럼에도 테슬라는 이러한 갈등 상황을 전략적으로 활용했다. 규제기관과의 충돌을 공론화하면서 여론의 지지를 얻어내고, 이를 통해 제도 개선을 압박하는 전략을 구사했다. 결과적으로 이러한 갈등은 배출권 거래 제도가 보다 시장 친화적인 방향으로 발전하는 계기가 되기도 했다.

일론 머스크가 전기차 보조금을 없애려는 이유

일론 머스크가 전기차 보조금을 없애려는 데에는 복합적인 전략적 의도가 있다. 우선 테슬라가 이미 시장에서 지배적인 위치를 차지하고 있는 상황에서, 보조금 철폐는 신규 진입자들과 경쟁 업체들의 시장 진입을 어렵게 만드는 효과가 있다. 테슬라는 이미 규모의 경제를 통해 생산 비용을 낮추었고, 브랜드 파워도 확보한 상태이기 때문이다.

또한 보조금 철폐는 전통적인 완성차 업체들의 전기차 전환을 더욱 부담스럽게 만든다. 이들은 내연기관차에서 전기차로의 전환 과정에서 막대한 초기 투자가 필요한데, 보조금 없이는 이러한 전환이 더욱 어려워질 수 있다. 이는 테슬라의 미국 내 시장 지배력을 더욱 강화하는 결과로 이어질 수 있다.

특히 보조금 철폐는 중국 전기차 업체들의 미국 시장 진출을 견제하는 효과도 있다. 중국 업체들은 자국의 강력한 정부 지원을 바탕으로 가격 경쟁력을 확보하고 있는데, 미국 시장에서 보조금이 없어지면 이들의 진입이 더욱 어려워질 수 있다.

더불어 이는 정부 개입을 최소화하고 자유 시장 원리를 강조하는 일론 머스크의 기업가적 철학과도 일맥상통한다. 실제로 일론 머스크는 여러 차례 정부 보조금에 대한 비판적 입장을 표명해 왔으며, 이는 그의 자유시장 옹호 성향과 일치한다.

이러한 전략은 트럼프 2기 행정부의 정책 기조와도 부합할 가능성이 높다. 정부 지출 감축과 규제 완화를 강조하는 트럼프의 정책 방향은 보조금 철폐와 자연스럽게 연결될 수 있기 때문이다. 결과적으로 이는 테슬라의 시장 지배력을 강화하면서도, 정부와의 관계도 개선할 수 있는 이중적 효과를 가져올 수 있다.

IRA 및 중국과의 관계를 둘러싼 갈등

일론 머스크와 규제기관 간의 갈등은 전기차 보조금 정책과 배터리 원자재 공급망 문제에서 복잡한 양상을 띠고 있다. 이러한 갈등은 미국 정부의 정책 방향과 글로벌 공급망의 변화 속에서 테슬라와 규제당국이 서로 다른 이해관계를 갖고 있다는 점에서 발생하며, 특히 IRA(인플레이션 감축법)와 중국을 둘러싼 긴장 관계는 이 문제를 더욱 심화시켰다. 갈등의 본질은 전기차 산업 생태계의 미래 방향성을 둘러싼 근본적인 시각차에서 비롯된다. 테슬라는 시장 주도의 혁신과 빠른 변화를 강조하지만, 규제기관은 안정성과 공정성을 중심으로 신중한 접근을 선호하고 있다.

테슬라의 성장 과정에서 전기차 보조금은 중요한 역할을 했다.

초기에 테슬라가 시장에 안착하고 대규모 생산 체계를 구축하는 데 있어 보조금이 큰 도움을 주었다. 그러나 시장 지배력을 확보한 후 일론 머스크는 전기차 보조금에 대한 태도를 바꾸기 시작했다. 테슬라가 주요 경쟁자로 떠오른 시점에서는 보조금의 폐지를 주장하며, 새로운 진입 기업들에게 제공되는 보조금이 시장의 공정성을 해친다고 비판했다.

특히 바이든 행정부가 도입한 IRA는 테슬라와 규제당국 간의 갈등을 심화시킨 주요 원인이었다. IRA는 전기차 보조금 지급 기준을 엄격히 설정하여, 전기차가 미국 내에서 생산되고 주요 부품이 미국 또는 우호적인 국가에서 조달될 것을 요구했다. 이는 중국산 부품에 대한 의존도를 줄이고 공급망을 국내로 가져오려는 의도로 해석된다. 그러나 테슬라는 이러한 정책이 자사의 글로벌 생산 체계와 공급망 관리에 부정적인 영향을 미친다고 주장하며 반발했다.

중국은 전기차 배터리 원자재 공급망에서 중요한 위치를 차지하고 있다. 테슬라를 비롯한 글로벌 전기차 기업들은 리튬, 코발트 등의 주요 원자재를 중국에서 대규모로 조달해 왔다. 그러나 미국 정부는 중국 의존도를 줄이기 위해 적극적인 제재와 견제 정책을 펼치며, 중국산 원자재와 부품의 사용을 제한하고 있다.

테슬라는 효율적인 글로벌 공급망 구축을 위해 중국과의 협력이 필수적이라는 입장을 고수했다. 특히, 중국의 리튬 가공 기술과 대규모 생산 역량은 전기차 배터리의 경제성을 확보하는 데 중요한 역할을 하고 있다. 하지만 미국 정부는 국가 안보와 경제적 독립성을 이유로 중국 의존도를 낮추려는 정책을 고수했으며, 이는 테슬라와 규제당국 간 또 다른 갈등 요인으로 작용했다.

테슬라와 규제기관 간의 갈등은 단순히 특정 정책이나 기준을 둘러싼 대립이 아니라, 전기차 산업 생태계의 미래를 둘러싼 근본적인 시각차에서 비롯된다. 테슬라는 시장 주도의 빠른 변화를 추구하며 글로벌 경쟁력을 강조하지만, 규제기관은 안정성과 공정성을 중시하며 점진적이고 신중한 접근을 선호한다.

이러한 갈등은 향후에도 지속될 가능성이 높다. 전기차 시장이 계속 성장함에 따라 보조금 정책, 원자재 공급망, 그리고 글로벌 협력과 규제 간의 균형을 둘러싼 논의가 더욱 치열해질 것이다. 테슬라와 같은 선도 기업은 혁신의 속도를 유지하기 위해 규제의 완화를 요구할 가능성이 크며, 정부는 공정성과 환경 보호라는 사회적 가치를 고려한 신중한 태도를 유지할 것이다.

우주 개발 속도 vs 주도권, NASA와의 충돌

왜 스페이스X와 FAA는 갈등을 빚는가?

스페이스X와 미국 연방항공국FAA의 갈등은 혁신의 속도와 규제의 속도 사이의 근본적인 충돌에서 비롯된다. 스페이스X는 빠른 개발과 테스트를 통한 '빠른 실패' 접근법을 선호하는 반면, 연방항공국은 안전을 최우선으로 하는 보수적인 규제 체계를 고수하고 있다.

특히 스타십Starship 프로그램을 둘러싼 양측의 갈등이 두드러진다. 스페이스X는 스타십의 신속한 개발과 테스트를 위해 빈번한 발사를 계획하지만, 연방항공국은 각 발사마다 철저한 안전성 검토와 환경영향평가를 요구한다. 이 과정에서 발사 승인이 지연되면서 일론 머스크는 연방항공국을 공개적으로 비판하며 발사 승인 절차의 간소화를 요구하고 있다.

텍사스 보카치카Boca Chica 스타베이스Starbase 발사장을 둘러싼 환경 규제도 주요 갈등 요인이다. 스페이스X의 발사 활동이 지역 생태계와 멸종위기종에 미치는 영향에 대한 우려가 제기되면서, 연방항공국은 더욱 엄격한 환경영향평가를 요구하고 있다. 이는 스페이스X의 발사 일정에 상당한 차질을 빚게 만드는 요인이 되고 있다.

더불어 스페이스X의 '시행착오를 통한 학습' 방식은 기존 항공우주 산업의 관행과 크게 다르다. 전통적으로 항공우주 산업은 발사 전 철저한 지상 테스트와 시뮬레이션을 거치는 반면, 스페이스X는 실제 발사를 통한 데이터 수집과 개선을 선호한다. 이러한 접근법의 차이는 연방항공국의 규제 체계와 근본적인 충돌을 일으킨다.

특히 일론 머스크는 연방항공국의 규제가 중국과의 우주 개발 경쟁에서 미국을 뒤처지게 만든다고 주장하며, 규제 개혁의 필요성을 강조하고 있다. 이는 단순한 기업과 규제기관의 갈등을 넘어, 국가 경쟁력과 혁신의 속도에 관한 더 큰 담론으로 확장되고 있다.

나아가 이러한 갈등은 민간 우주 개발 시대에 걸맞는 새로운 규제 체계의 필요성을 제기하고 있다. 기존의 규제 체계는 정부 주도의 우주 개발 시대에 맞춰져 있어, 민간 기업의 혁신 속도와 방식을 수용하기에는 한계가 있다는 지적이 제기되고 있다.

스페이스X와 연방항공국의 갈등은 혁신과 안전, 속도와 신중함, 민간과 정부라는 여러 층위의 대립을 보여주는 사례다. 이는 앞으로 트럼프 2기 행정부에서 규제 완화를 통해 일정 부분 해소될 가능성도 있지만, 근본적으로는 새로운 우주 시대에 걸맞은 규제 체계의 재정립이 필요한 상황이다.

안전 제일주의 vs 시행착오를 통한 학습

일론 머스크와 스페이스X의 연방항공국 대응 전략은 다층적이고 공격적인 특징을 보인다. 우선 일론 머스크는 소셜미디어를 통해 연방항공국의 규제를 공개적으로 비판하며 여론의 압박을 가하는 전략을 구사하고 있다. 특히 연방항공국의 발사 승인 지연이 미국의 우주 경쟁력을 약화시키고 중국에게 추월당할 수 있다는 서사narrative를 강조하면서, 규제 완화의 당위성을 국가 안보와 경쟁력의 관점에서 프레이밍framing하고 있다.

동시에 스페이스X는 보카치카 스타베이스 발사장의 환경영향 평가와 안전 규정 준수를 위해 표면적으로는 협조적인 모습을 보이면서도, 실제로는 '미완성된 허가를 받는 것 보다 완성된 용서를 구하는 것이 더 쉽다'는 접근법을 취하고 있다. 이는 때로는 규제를 우회하거나 규제의 경계를 시험하는 방식으로 나타나며, 이를 통해 연방항공국의 규제 체계의 한계와 모순을 드러내는 전략이다.

더불어 스페이스X는 정치적 로비활동도 강화하고 있다. 공화당을 중심으로 한 미국 정치권에 연방항공국 규제 완화의 필요성을 지속적으로 제기하며, 특히 트럼프 2기 행정부에서의 제도적 변화를 겨냥한 포석을 두고 있다. 이는 단순한 규제 완화를 넘어, 우주 산업 전반의 규제 체계를 재편하려는 장기적인 전략의 일환으로 보인다.

스페이스X는 또한 발사 실패를 학습의 과정으로 재정의하는 전략적 커뮤니케이션을 펼치고 있다. 이는 연방항공국의 보수적인 안전 규제에 대한 대안적 접근법을 제시하는 것으로, '빠른 실패와 학습'이 결과적으로 더 안전하고 혁신적인 결과를 가져올 수 있다는 논리를 펼치고 있다. 이러한 접근은 전통적인 항공우주 산업의 관행과 연방항공국의 규제 철학에 근본적인 도전을 제기한다.

특히 스타십 프로그램의 경우, 스페이스X는 미국 항공우주국NASA과의 달 착륙선 계약을 전략적으로 활용하고 있다. 스타십 프로그램이 정부 프로젝트의 일환이라는 점을 강조하여 연방항공국의 규제를 우회하거나 완화하려는 시도를 하고 있으며, 이는 국가 우주 프로그램의 성공이 연방항공국의 규제 유연화에 달려있다는 압박으로 작용한다.

또한 일론 머스크는 보카치카 지역 경제 발전에 미치는 스페이스X의 긍정적 영향을 적극적으로 홍보하며, 지역 사회의 지지를 확보하는 전략도 구사하고 있다. 이는 환경 규제에 대한 지역 사회의 반발을 상쇄하고, 연방항공국에 대한 정치적 압박을 강화하는 효과가 있다.

장기적으로 스페이스X는 민간 우주 기업에 특화된 새로운 규제 체계의 수립을 목표로 하고 있다. 이는 기존의 연방항공국 규제를 우회하거나 완화하는 것을 넘어, 민간 우주 산업의 특성에 맞는 완전히 새로운 규제 프레임워크를 구축하려는 시도로 볼 수 있다. 이러한 전략은 트럼프 2기 행정부에서 현실화될 가능성이 높으며, 이는 스페이스X가 우주 산업의 게임의 룰을 자신들에게 유리한 방향으로 재편하는 계기가 될 수 있다.

국방부와 어떤 관계이길래 갈등이 생기나?

일론 머스크와 미국 국방부DOD 간의 갈등은 주로 국가 안보 정보 접근 권한과 정부 조달 시스템의 복잡성에서 비롯된다. 기존 국방부의 계약은 록히드마틴, 보잉 등 전통적인 방산업체들에 최적화되어 있어, 민간 우주기업인 스페이스X의 혁신적 접근 방식과 충돌이 발생하고 있다.

특히 국방용 발사 계약에서 요구되는 보안 인증과 정보 접근 제한은 스페이스X의 주요 불만 사항이다. 국방부는 민간 기업의 기밀정보 접근을 엄격히 제한하는데, 이는 스페이스X가 최적의 발사 서비스를 제공하는데 필요한 상세 임무 정보를 얻기 어렵게 만든다.

더불어 국방부의 까다로운 입찰 절차와 인증 요건은 스페이스X의 신속한 기술 혁신과 맞지 않는다. 전통적인 방산업체들은 이러한 관료적 절차에 익숙하지만, 스페이스X는 이를 불필요한 비용과 시간 낭비로 보고 있다.

스타링크의 군사적 활용에서도 국방부와의 갈등이 발생한다. 스페이스X는 스타링크를 통한 군사 통신 지원을 확대하려 하지만, 국방부는 민간 위성 네트워크에 대한 의존도 증가를 우려하고 있다. 특히 단일 기업의 통신 인프라에 대한 과도한 의존이 안보 위험을 초래할 수 있다는 우려가 존재한다.

이러한 갈등은 결국 민간 우주기업과 군사 안보 시스템 간의 새로운 균형점을 찾아야 하는 과제를 제시하고 있다. 국방부의 보안 요구사항과 스페이스X의 혁신적 접근법 사이에서 적절한 타협점을 찾는 것이 향후 중요한 과제가 될 것이다.

일론 머스크와 국방부의 관계는 전통적인 군수산업 질서에 대한 도전과 혁신의 충돌을 보여준다. 주목할 점은 스페이스X가 민간 우주기업으로서 국방부 계약을 수주하는 과정에서, 기존 방산업체들과는 완전히 다른 접근방식을 취하고 있다는 것이다.

특히 스페이스X는 국방부의 전통적인 계약 방식에 강한 불만을 제기한다. 예를 들어, 발사 비용 산정에서 스페이스X는 시장 원리에 따른 탄력적 가격 책정을 선호하지만, 국방부는 고정가격 계약을 고수한다. 이러한 차이는 계약 협상 과정에서 지속적인 마찰을 일으킨다.

또한 스페이스X는 국방부의 기술 검증 절차가 지나치게 보수적이라고 비판한다. 스페이스X의 신속한 프로토타입 개발과 테스트 방식은 국방부의 단계적이고 철저한 검증 절차와 근본적으로 충돌한다. 이는 특히 새로운 발사체나 시스템 도입 시 큰 갈등으로 이어진다.

안보 관련 데이터 공유에서도 중요한 마찰이 발생한다. 스페이스X는 발사 데이터의 실시간 공유와 투명한 정보 교환을 선호하지만, 국방부는 정보 보안을 이유로 이를 제한한다. 이러한 정보 비대칭은 서비스 최적화를 어렵게 만드는 요인이 된다.

군사 위성 발사 계약에서도 특수한 갈등이 존재한다. 스페이스X는 민간 발사와 군사 발사를 통합 운영하여 효율성을 높이려 하지만, 국방부는 군사 미션의 독립성과 보안성을 강조한다. 이는 스페이스X 입장에서는 운영 비용 증가와 일정 지연의 원인이 된다.

이러한 갈등 구조는 트럼프 2기 행정부에서 새로운 국면을 맞을 수 있다. 규제 완화와 민간 혁신 중심의 정책 기조는 스페이스X에게 유리한 환경을 조성할 수 있지만, 이는 동시에 국방 안보 시스템의 근본적인 변화를 수반해야 하는 과제를 제시한다.

왜 NASA와도 갈등하나?

미국 항공우주국NASA과 일론 머스크의 갈등은 주로 우주 개발의 속도와 방식, 예산 활용, 그리고 기술적 접근법의 차이에서 비롯된다.

첫째, 개발 속도와 안전성에 대한 접근 방식이 다르다. 스페이스X는 '빠른 실패와 학습' 전략을 통해 신속한 개발을 추구하는 반면, NASA는 수십 년의 경험을 바탕으로 보다 신중하고 보수적인 접근을 선호한다. 이러한 차이는 특히 유인 우주선 개발 과정에서 두드러지게 나타났다. 스페이스X의 크루 드래건 개발 과정에서 NASA는 더 많은 안전성 검증을 요구했고, 이는 일정 지연의 원인이 되었다.

둘째, 예산 책정과 집행 방식에서 충돌이 발생한다. 스페이스X는 비용 효율성을 극대화하는 접근을 취하지만, NASA는 의회의 예산 감독과 복잡한 행정 절차를 따라야 한다. 특히 NASA의 '비용 기반 가격 책정cost-plus' 방식의 계약과 스페이스X가 선호하는 고정가격 계약 사이의 차이는 주요 갈등 요인이 되고 있다. 비용 기반 가격 책정은 개발 비용을 보장하고 일정 이윤을 추가로 지급하는 방식으로, 프로젝트 비용 초과의 위험을 줄이는 대신 효율성 논란이 있는 계약 형태이다.

셋째, 기술 개발 철학의 차이도 있다. 스페이스X는 수직 계열화된 자체 개발을 선호하는 반면, NASA는 다양한 하청 업체들과의 협력을 통한 개발을 진행한다. 이는 특히 유인 달 탐사 프로젝트인 아르테미스Artemis 프로그램에서 갈등의 원인이 되고 있다. 스페이스X의 스타십을 달 착륙선으로 선정한 것을 두고 다른 업체들(특히, 제프 베이조스의 블루 오리진)의 반발이 있었고, 이는 NASA의 계약 방식에 대한 논란으로 이어졌다.

넷째, 우주 탐사의 우선순위 설정에서도 차이를 보인다. 일론 머스크는 화성 식민지 건설을 궁극적 목표로 삼고 있지만, NASA

는 달 탐사와 과학적 연구에 더 큰 비중을 둔다. 이러한 목표의 차이는 협력 프로젝트의 방향성 설정에서 갈등을 초래한다.

다섯째, 정보 공개와 투명성 문제도 있다. 스페이스X는 자사의 기술적 진보를 적극적으로 홍보하는 반면, NASA는 신중한 정보 공개를 선호한다. 이런 태도는 특히 실패나 사고가 발생했을 때 대응 방식의 차이로 나타난다.

그럼에도 불구하고, 이러한 갈등은 양측의 상호보완적 관계로 인해 완전한 대립으로 이어지지는 않는다. NASA의 전문성과 경험, 스페이스X의 혁신성과 효율성이 결합될 때 더 큰 시너지를 낼 수 있다는 점을 양측 모두 인식하고 있기 때문이다.

일론 머스크와 NASA의 동상이몽

일론 머스크의 NASA 협력 확대 전략은 우주 산업의 패권을 장악하기 위한 장기적 포석의 성격이 강하다. 특히 스페이스X는 NASA의 주요 프로젝트 입찰에서 공격적인 가격 책정과 기술적 우위를 내세워 경쟁사들을 압도하는 전략을 구사하고 있다. 이는 상업 우주 운송 서비스Commercial Crew Program에서 시작하여 아르테미스 프로그램의 달 착륙선 계약으로까지 확장되고 있다.

이러한 스페이스X의 공격적인 시장 장악 시도는 경쟁 기업인 제프 베이조스Jeff Bezos의 블루 오리진Blue Origin과 첨예한 법적 분쟁으로 이어졌다. 특히 아르테미스 프로그램의 달 착륙선 계약을 스페이스X의 스타십이 단독으로 수주한 것은 우주 산업 생태계의 독점화 우려를 증폭시켰다. 베이조스는 NASA의 계약 결정이 공정 경쟁을 저해한다며 법적 대응을 진행했고, 이는 전체 프로그램의 일정 지연으로까지 이어졌다. 물론, 나중에 베이조스의 블루 오리진도 아르테미스 프로그램에 참여할 수 있게 되었다.

스페이스X의 전략은 단순한 계약 수주를 넘어 우주 운송 서비스의 표준을 자사의 기술로 확립하려는 의도도 담고 있다. 재사용 로켓 기술을 기반으로 한 비용 절감, 대규모 화물 운송 능력, 그리고 유인 우주선 운영 경험을 결합하여 사실상의 업계 표준을 만들어가고 있다. 그리고 이는 다른 경쟁사들의 시장 진입을 어렵게 만드는 높은 진입 장벽으로 작용한다.

더욱 주목할 만한 점은 스페이스X가 NASA 프로젝트들을 자사의 화성 탐사 계획과 연계시키려 한다는 것이다. 달 착륙선 계약으로 개발되는 스타십의 기술과 경험은 궁극적으로 화성 탐사에 활용될 수 있으며, 이는 NASA의 자원과 전문성을 자사의 장기적 목표 달성에 활용하는 전략으로 볼 수 있다.

이러한 스페이스X의 전략은 우주 산업 생태계의 근본적인 변화를 가져올 수 있다. 전통적으로 다수의 업체가 참여하던 NASA 프로젝트들이 점차 스페이스X 중심으로 재편될 가능성이 있으며, 이는 우주 개발의 다양성과 혁신성을 저해할 수 있다는 우려를 낳고 있다.

트럼프 2기 행정부에서 이러한 경향은 더욱 강화될 수 있다. 규제 완화와 비용 효율성 중심의 정책 기조는 스페이스X에게 유리한 환경을 조성할 것으로 예상되며, 이는 우주 산업의 독점화를 가속화할 수 있다. 이에 대한 견제와 균형의 필요성이 더욱 중요한 과제로 대두될 것으로 보인다.

주파수 할당을 둘러싼 FCC와의 갈등

최근 미국 연방통신위원회FCC와 일론 머스크의 스타링크 간 주파수 할당을 둘러싼 갈등은 현대 통신 산업의 복잡한 이해관계를 보여주는 중요한 사례이다. 이는 단순한 주파수 분배 문제를 넘어서 글로벌 통신 시장의 패권, 국가 안보, 그리고 우주 산업의 미래와 직결되는 복합적인 이슈이다. 연방통신위원회의 주파수 할당 정책이 스타링크와 같은 특정 사업자에게 유리하게 작용할 수 있다는 우려는 통신 시장의 공정 경쟁에 대한 심각한 도전이다.

일론 머스크의 스타링크는 지속적으로 더 많은 주파수 대역 확보를 요구하고 있는데, 이는 5G와 6G 시대를 대비한 전략적 포석으로 해석된다. 그러나 이러한 요구는 다른 통신 사업자들과의 형평성 문제를 야기하고 있으며, 특히 중국과 러시아 등 주요 경쟁국들의 강력한 반발을 불러일으키고 있다. 이들 국가들은 스타링크의 급속한 성장이 자국의 통신 주권을 위협할 수 있다고 우려하고 있으며, 이는 국제 주파수 조정 과정에서 심각한 갈등 요인이 되고 있다.

더욱이 스타링크의 위성 인터넷 서비스가 전 세계적으로 확대됨에 따라, 주파수 간섭 문제와 우주 궤도 혼잡 문제가 더욱 심각해질 것으로 예상된다. 이러한 상황에서 미국 연방항공국FAA은 항공 안전을 위협할 수 있는 주파수 간섭 가능성을 지적하며 스타링크의 확장을 제한하려 하고 있으나, 일론 머스크는 이를 과도한 규제로 보고 강하게 반발하고 있다.

특히 스타링크가 요구하는 주파수 대역이 통신 서비스의 핵심적인 영역과 겹치면서, 이는 단순한 기업과 규제기관 간의 갈등을 넘어 미래 통신 산업의 판도를 좌우할 수 있는 중대한 사안이 되고 있다. 또한 스타링크의 급속한 성장은 전통적인 통신 사업자들의 사업 영역을 위협할 수 있어, 이들의 반발도 거세지고 있는 상황이다.

이러한 복잡한 이해관계 속에서 연방통신위원회의 주파수 할당 정책은 더욱 신중해져야 할 필요가 있으며, 공정 경쟁과 기술 혁신을 동시에 촉진할 수 있는 균형 잡힌 접근이 요구된다. 특히 국제 사회에서 미국의 영향력을 고려할 때, 연방통신위원회의 정책 결정은 글로벌 통신 산업의 미래에 지대한 영향을 미칠 것으로 예상된다.

이러한 상황에서 일론 머스크의 스타링크는 더 많은 주파수 확보를 통해 글로벌 통신 시장에서의 영향력을 확대하려 하고 있으며, 이는 미국의 우주 산업 경쟁력 강화에도 기여할 수 있는 중요한 전략적 가치를 지니고 있다. 그러나 이러한 확장이 국제 사회의 반발과 국내 통신 시장의 균형을 해칠 수 있다는 우려도 동시에 제기되고 있어, 향후 주파수 할당을 둘러싼 갈등은 더욱 심화될 것으로 전망된다.

왜 주파수 할당 문제가 중요한가?

주파수 할당 문제는 현대 정보통신 사회에서 가장 중요한 이슈 중 하나이다. 이는 주파수가 한정된 자원이면서 동시에 현대 사회의 모든 무선 통신의 근간이 되는 필수 불가결한 자원이기 때문이다. 특히 5G와 같은 차세대 이동통신 서비스의 확산과 함께 그 중요성은 더욱 커지고 있는 상황이다. 주파수는 한번 할

당되면 쉽게 회수하거나 재배치하기 어려운 특성을 가지고 있어, 초기 할당 단계에서부터 신중한 검토와 전략적 접근이 필요한 자원이다.

또한 주파수 대역별로 전파 특성이 달라 이동통신 서비스의 품질과 경제성에 직접적인 영향을 미치는데, 이는 통신 사업자의 경쟁력과 소비자 후생에 큰 영향을 미치는 요인이다. 주파수 할당은 단순히 기술적인 문제를 넘어 산업 정책적 측면에서도 매우 중요한데, 이는 주파수 할당 방식과 대가에 따라 통신 시장의 경쟁 구도가 크게 달라질 수 있기 때문이다.

더불어 주파수는 국가 간 전파 월경 현상으로 인해 국제적인 조화와 협력이 필요한 자원이며, 이에 따라 국제 표준화와 호환성 확보가 중요한 고려사항이다. 주파수 할당은 또한 디지털 격차 해소와 같은 사회적 형평성 문제와도 밀접하게 연관되어 있어, 효율성과 공공성을 동시에 고려해야 하는 복잡한 정책적 과제이다.

특히 IoT, 자율주행차, 스마트시티 등 신기술의 발전과 함께 주파수 수요가 급증하고 있어, 제한된 주파수 자원의 효율적 활용과 공정한 분배는 더욱 중요한 과제가 되고 있다. 주파수 할당은 국가의 통신 인프라 발전과 디지털 경쟁력 확보에 직접적인 영향을 미치는 핵심 요소이므로, 면밀한 시장 분석과 미래 기술 트렌드 예측을 바탕으로 한 전략적 접근이 필요한 분야이다.

AI 개발 vs 개인정보 보호, FTC와의 대립

SNS 플랫폼 비즈니스에서 개인정보 문제는 왜 중요한가?

미국 연방거래위원회FTC는 소비자 보호와 시장의 공정 경쟁을 감독하는 핵심적인 정부 기관이며, 특히 디지털 시대에 들어서면서 플랫폼 기업들의 개인정보 처리에 대한 감독 기능이 더욱 중요해지고 있다. 연방거래위원회의 역할은 단순한 규제를 넘어 디지털 경제의 건전한 발전과 소비자 권익 보호를 위한 균형자로서의 의미를 가지고 있다.

특히 플랫폼 비즈니스에서 개인정보 보호는 기업의 생존과 직결되는 핵심적인 이슈이며, 이는 플랫폼의 비즈니스 모델이 본질적으로 사용자 데이터의 수집과 활용에 기반을 두고 있기 때문이다. 플랫폼 기업들의 수익 모델은 대부분 개인정보를 활용한 맞춤형 서비스와 타깃 광고에 의존하고 있어, 개인정보의 안전한 관리와 윤리적 활용은 기업의 지속 가능성을 좌우하는 중요한 요소이다. 더욱이 GDPR(유럽의 데이터 보호 규정), CCPA(미국 캘리포니아주의 개인정보 보호법) 등 전 세계적으로 개인정보 보호 규제가 강화되면서 플랫폼 기업들은 더욱 엄격한 개인정보 보호 정책을 수립하고 이행해야 하는 상황에 직면해 있다.

이러한 규제 준수 실패는 막대한 과징금과 심각한 평판 손상을 초래할 수 있어, 기업들은 개인정보 보호에 대한 투자를 지속적으로 확대하고 있다. 또한 사이버 보안 위협이 날로 증가하면서 개인정보 유출 사고의 위험도 커지고 있기 때문에, 이에 대한 예방적 투자와 대응 체계 구축의 중요성도 높아지고 있다. 플랫폼 기업들의 사회적 영향력이 커짐에 따라 개인정보 보호에 대한 윤리적 책임도 강조되고 있으며, 이는 ESG 경영의 중요한 평가 요소로 자리 잡고 있다. 연방거래위원회는 이러한 상황에서 플랫폼 기업들의 개인정보 처리 관행을 면밀히 감시하고 있으며, 필요한 경우 강력한 제재를 통해 시장 질서를 바로잡고 있다.

플랫폼 기업들도 이러한 규제 환경의 변화를 인식하고 개인정보 보호를 경영의 최우선 과제로 설정하고 있다. 이는 단순한 법적 의무 준수를 넘어 기업의 장기적 성장과 신뢰 확보를 위한 전략적 투자로 인식되고 있다. 플랫폼 비즈니스에서 개인정보 보호는 기업의 성패를 좌우하는 핵심 요소이며, 연방거래위원회의 역할은 이러한 디지털 경제의 건전한 발전을 위한 필수적인 제도적 장치로서 그 중요성이 더욱 커지고 있는 상황이다.

FTC와 어떤 갈등을 겪고 있나?

일론 머스크와 연방거래위원회 간의 갈등은 크게 세 가지 주요 영역에서 전개되고 있으며, 이는 디지털 시대의 핵심적인 규제 문제들과 직결되어 있는 상황이다.

첫 번째로 부각되는 갈등 영역은 개인정보 보호 정책과 알고리즘 투명성 확보 요구이다. 연방거래위원회는 X의 콘텐츠 모더레이션 정책이 충분히 강력하지 않다고 보고 있으며, 이용자 보호를 위해 더욱 엄격한 기준 도입을 요구하고 있는 상황이다. 이에 대해 일론 머스크는 부분적인 개선을 시사하고 있으나, 연방거래위원회는 여전히 강력한 조치가 필요하다고 주장하고 있다.

두 번째 갈등 영역은 AI 규제 프레임워크의 선점을 둘러싼 대립이다. 일론 머스크는 자신의 AI 기업인 xAI와 플랫폼 기업 X를 통해 AI 챗봇 그록을 개발하며 AI 규제의 필요성을 강조하고 있다.

이는 표면적으로는 AI 안전성에 대한 우려를 반영하는 것으로 보이지만, 실제로는 그록의 개발 시간을 확보하기 위한 전략적 행보라는 분석이 제기되고 있다. 연방거래위원회는 AI 안전성 평가 기준과 윤리적 AI 개발 가이드라인 수립을 주도하려 하고 있으며, 국제적인 AI 규제 협력 체계 구축에도 적극적으로 나서고 있는 상황이다.

세 번째 갈등 축은 데이터 규제 우회 문제이다. 일론 머스크의 기업들은 방대한 양의 데이터를 수집하고 치리하고 있으며, 이에 대한 연방거래위원회의 우려가 깊어지고 있다. 특히 국가 간 데이터 이동 규제의 준수 여부가 쟁점으로 부각되고 있는 상황이다.

이러한 복합적인 갈등 구도는 향후 디지털 플랫폼 규제의 방향성을 결정짓는 중요한 시험대가 될 것이다.

AI와 관련한 규제기관과의 갈등은?

일론 머스크와 AI 관련 규제기관들 간의 복잡한 갈등 구도는 현대 기술 사회가 직면한 근본적인 도전 과제를 여실히 보여주고 있는 사례이다. 특히 미국 증권거래위원회SEC와의 갈등은 AI 기술의 경제적 가치 평가와 투자자 보호라는 두 가지 중요한 과제 사이에서 균형을 찾는 문제로 확대되고 있는 상황이다. xAI를 통한 AI 연구와 X를 통한 그록 개발 과정에서 일론 머스크는 혁신적인 기술 발전을 위해 유연한 규제 환경을 요구하고 있으나, 증권거래위원회는 투자자 보호를 위해 엄격한 공시 기준을 적용하고 있다. 앞서 증권거래위원회는 증권 플랫폼이 투자자가 아닌 증권사의 이익을 대변하도록 AI 등의 기술을 사용할 수 있으므로 이를 관리·감독하겠다는 의향을 밝힌 바 있다. 이는 AI 기술의 미래 가치를 어떻게 평가하고 공시할 것인지에 대한 근본적인 질문을 제기하고 있다.

이러한 갈등은 단순한 규제 준수 문제를 넘어, AI 기술기업의 가치 평가 방식과 투자자 보호 체계 전반에 대한 재검토를 요구하고 있다. 특히 AI 기술의 발전 속도가 전통적인 기업 가치 평가 방식의 한계를 드러내고 있다는 점에서 갈등의 양상이 더욱 복잡해지고 있다. 증권거래위원회의 규제 강화 움직임은 AI 기업들의 혁신 동력을 저해할 수 있다는 우려와, 투자자들에게 충분한 정보를 제공하지 못 할 경우 발생할 수 있는 시장 불안정성 사이에서 적절한 균형점을 찾아야 하는 과제를 제시하고 있는 상황이다.

한편, 미국 국방부DOD와의 관계에서는 AI 기술의 이중 용도 특성으로 인한 복잡한 문제들이 부각되고 있다. 일론 머스크는 공개적으로 AI 군비 경쟁의 위험성을 경고하고 있지만, 자신이 개발하는 AI 기술의 잠재적 군사적 활용 가능성에 대해서는 명확한 입장을 밝히지 않고 있다. 이는 기술 발전과 국가 안보 사이의 미묘한 긴장 관계를 보여주고 있는 사례이다. 특히 AI 기술이 민간 영역에서 개발되더라도 군사적 전용 가능성이 있다는 점에서, 이러한 기술의 개발과 통제를 둘러싼 규제 프레임워크의 구축이 시급한 과제로 대두되고 있다.

이러한 상황에서 일론 머스크의 AI 기업들은 혁신적인 기술 개발을 추구하면서도, 사회적 책임과 윤리적 고려 사항들을 균형 있게 다루는 도전에 직면해 있다. 특히 AI 기술의 발전 속도가 규제 체계의 발전 속도를 크게 앞서가고 있는 현실에서, 효과적이면서도 혁신을 저해하지 않는 규제 방안의 도출이 핵심적인 과제로 부각되고 있는 상황이다. 이는 단순히 기술 혁신의 문제가 아니라, 사회적 합의와 제도적 프레임워크의 재구축이 필요한 복합적인 도전 과제임이 명백하다.

더욱이 이러한 갈등 구도는 글로벌 AI 기술 경쟁의 맥락에서도 중요한 의미를 갖는다. 미국의 규제기관들이 취하는 입장과 접근 방식은 향후 글로벌 AI 거버넌스 형성에 중요한 영향을 미칠 것으로 예상된다. 이는 국제적 차원의 AI 기술 발전과 규제 체계 구축에 있어 중요한 선례가 될 것이다. 결과적으로 일론 머스크와 규제기관들 간의 현재 갈등은 AI 시대의 기술 혁신과 사회적 책임, 국가 안보와 경제적 발전이라는 다양한 가치들이 충돌하고 조정되는 과정을 보여주는 중요한 사례이다. 이는 향후 AI 기술 발전의 방향성과 규제 체계의 진화를 예측할 수 있는 중요한 지표가 될 것이다.

X와 코인, 그리고 SEC

X와 미국 증권거래위원회SEC, 그리고 암호화폐를 둘러싼 갈등이 나날이 심화되면서 디지털 자산 시장의 미래는 불확실성 속으로 빠져들고 있는 상황이다. X의 소유주인 일론 머스크가 이끄는 X 플랫폼은 전 세계 암호화폐 투자자들과 애호가들이 모여 정보를 교환하고 토론을 나누는 핵심적인 소셜미디어 공간으로 자리 잡고 있다. 특히 일론 머스크는 자신의 영향력 있는 소셜미디어 계정을 통해 도지코인을 비롯한 다양한 암호화폐에 대해 빈번하게 언급하며, 단 한 번의 트윗만으로도 시장 가격을 크게 출렁이게 하는 등 암호화폐 시장에 막대한 영향력을 행사하고 있다.

이러한 상황에 대응하여 미국 증권거래위원회는 투자자 보호를 명분으로 암호화폐를 전통적인 증권의 범주에 포함시키고 이에 준하는 엄격한 규제를 추진하고 있다. 증권거래위원회는 특히 적절한 등록과 승인 절차 없이 이루어지는 암호화폐의 거래 및 판매 행위에 대해 강경한 입장을 고수하고 있으며, 이로 인해 업계의 주요 거래소들과 치열한 법적 공방이 벌어지고 있는 상황이다. 세계 최대 암호화폐 거래소인 바이낸스Binance와 미국의 대표적인 거래소인 코인베이스Coinbase를 포함한 주요 거래소들이 증권거래위원회와의 법적 분쟁에 휘말려 있으며, 이는 전체 암호화폐 시장의 불안정성을 더욱 가중시키고 있다.

가장 핵심적인 쟁점은 암호화폐의 법적 성격을 어떻게 규정할 것인가에 대한 문제이다. 증권거래위원회는 대부분의 암호화폐가 실질적으로 투자계약의 성격을 띠고 있다고 판단하고 이를 전통적인 증권 규제의 틀 안에서 관리하려 하고 있다. 반면, 암호화폐 업계는 이러한 접근이 블록체인과 암호화폐의 혁신적 특성과 잠재력을 저해할 수 있다고 강하게 반발하고 있다. 또한, X를 비롯한 소셜미디어 플랫폼에서 활발하게 이루어지고 있는 암호화폐 관련 논의와 정보 교환, 그리고 일론 머스크와 같은 영향력 있는 인플루언서들의 시장 개입이 투자자들의 의사결정에 미치는 영향에 대한 규제 필요성도 뜨거운 논쟁거리로 떠오르고 있다. 특히 소셜미디어를 통한 시장 조작 가능성과 허위 정보 유포에 대한 우려가 커지면서, 이에 대한 적절한 규제 방안을 마련해야 한다는 목소리가 높아지고 있는 상황이다.

X와 증권거래위원회, 그리고 암호화폐 시장을 둘러싼 갈등은 단순한 법적 논쟁을 넘어, 디지털 자산의 본질적 특성과 혁신적 가능성을 둘러싼 근본적인 충돌을 보여주는 중요한 사례이다. 이는 향후 디지털 자산 규제 체계의 방향성을 결정짓는 중요한 시험

대가 될 것이며, 암호화폐의 미래를 둘러싼 사회적 합의와 법적 프레임워크의 재구축이 요구되는 복잡한 과제임이 분명하다.

동물 실험 vs 환자 안전, FDA와의 이견

뉴럴링크와 FDA가 무슨 관련이 있나?

미국 식품의약국FDA은 미국 정부의 보건복지부 산하 기관으로, 식품, 의약품, 화장품, 의료기기 등의 안전성을 관리·감독하는 규제기관이다. FDA는 1906년에 설립된 이후, 미국 내에서 유통되는 의약품과 의료기기의 안전성과 효과성을 철저히 검증하는 역할을 해왔으며, FDA의 승인은 전 세계적으로도 매우 높은 신뢰도를 가지고 있다.

FDA의 의료기기 승인 과정은 매우 엄격하고 복잡하다. 특히 뉴럴링크와 같이 인체에 직접 이식되는 침습적 의료기기의 경우, 더욱 철저한 검증이 요구된다. FDA는 의료기기를 위험도에 따라 Class I(낮은 위험), Class II(중간 위험), Class III(높은 위험)로 분류하는데, 뉴럴링크의 뇌 임플란트는 가장 위험도가 높은 Class III에 해당된다.

뉴럴링크가 개발 중인 기기는 두개골을 절개하여 뇌에 직접 칩을 이식하는 침습적 의료기기이다. 이 칩은 수천 개의 미세한 전극을 통해 뇌의 신경 신호를 읽고 해석하며, 이를 통해 마비 환자들이 생각만으로 컴퓨터나 스마트폰을 조작할 수 있도록 하는 것을 목표로 하고 있다. 이처럼 혁신적인 기술이지만, 뇌에 직접 이식된다는 특성상 안전성이 무엇보다 중요하다.

FDA의 승인 과정은 크게 전임상 시험과 임상시험으로 나뉜다. 전임상 시험에서는 동물 실험 등을 통해 기본적인 안전성을 검증하며, 임상시험에서는 실제 인체에 적용하여 안전성과 효과성을 단계적으로 입증한다. 뉴럴링크는 이 과정에서 여러 차례 FDA로부터 보완 요구를 받았고, 동물 실험 과정에서 윤리적 문제 제기도 있었다.

2023년 5월, 뉴럴링크는 마침내 FDA로부터 첫 임상시험 승인을 받았다. 이는 개발된 뇌 임플란트를 실제 환자에게 시험해 볼 수 있다는 의미이다. 그러나 이는 시작에 불과하며, 실제 상용화를 위해서는 더 많은 임상시험과 데이터 수집, 그리고 FDA의 최종 승인이 필요하다.

FDA의 승인 과정은 때로는 지나치게 보수적이라는 비판을 받기도 하지만, 이는 환자의 안전을 최우선으로 하기 때문이다. 특히 뉴럴링크와 같이 전례 없는 혁신적인 의료기기의 경우, 안전성 검증이 더욱 중요하다. FDA는 혁신을 장려하면서도 안전성을 확보하는 균형을 맞추기 위해 노력하고 있으며, 이는 의료기기 산업 발전에 중요한 역할을 하고 있다.

궁극적으로 뉴럴링크가 FDA의 모든 요구사항을 충족하고 향후 최종 승인을 받게 된다면, 이는 뇌-컴퓨터 인터페이스 기술의 새로운 지평을 여는 역사적인 순간이 될 것이다. 그러나 그때까지는 철저한 검증과 수많은 임상시험 데이터가 필요할 것으로 예상된다. 현재 진행 중인 첫 임상시험의 결과는 앞으로의 발전 방향을 결정하는 중요한 지표가 될 것이다.

동물 실험 윤리 논란

뉴럴링크의 동물 실험 관련 정부 및 시민사회와의 충돌은 크게 두 가지 측면에서 주목할 만한 사례를 보여준다. 먼저 연방정부와의 충돌을 살펴보면, FDA는 2022년 뉴럴링크의 초기 인체실험 신청을 안전성 문제를 이유로 거부했는데, 이는 동물 실험 단계에서 발견된 여러 문제점들이 주요 원인이었다. 특히 미국 농무부USDA는 동물복지법 위반 여부에 대한 대대적인 조사를 실시했는데, 이는 약 1,500마리에 달하는 실험동물의 사망 사건과 관련이 있었다. 농무부의 조사는 실험 과정에서 발생한 불필요한 고통 유발 혐의와 더불어, 실험 데이터의 기록 및 보관 과정에서의 규정 위반 사항들도 함께 다루었다.

시민사회와의 충돌 측면에서는 의료윤리학계와 동물권 단체들의 강력한 반발이 있었다. '책임 있는 의학을 위한 의사 위원회PCRM'는 윤리적이고 예방 중심적인 의료를 촉진하며, 동물 실험 대체 및 건강한 식생활을 장려하는 비영리 단체다. 특히 이 PCRM은 뉴럴링크를 정식으로 고발하는 등 적극적인 행동에 나섰다. PCRM은 원숭이를 대상으로 한 실험 과정에서 발생한 윤리적 문제들을 집중적으로 지적했는데, 실험동물들이 겪은 불필요한 고통과 부실한 관리 체계를 주요 문제점으로 제기했다. 의료윤리학자들은 뉴럴링크가 추진하는 실험의 속도가 지나치게 빠르다는 점을 지적하면서, 이로 인해 동물 실험 과정에서의 안전성 검증이 충분히 이루어지지 않을 수 있다는 우려를 제기했다. 이들은 뇌-컴퓨터 인터페이스라는 혁신적인 기술 개발 과정에서도 실험동물의 복지와 윤리적 고려가 반드시 전제되어야 한다는 점을 강조했다.

이러한 정부 및 시민사회와의 충돌은 첨단 기술 개발 과정에서 동물 실험의 윤리성 문제가 얼마나 중요한 사회적 이슈가 될 수 있는지를 보여주는 대표적인 사례로 여겨지고 있다. 특히 뉴럴링크의 사례는 실험동물의 복지, 연구 윤리, 그리고 과학기술 발전 사이의 균형점을 찾는 것이 현대 사회의 중요한 과제임을 다시 한번 상기시켰다.

ELON

4장

연방 예산 절감과 기업 제국의 청사진

MUSK

ELON
MUSK

자율주행과 로봇의 규제 완화

새로운 경제 실험의 서막

일론 머스크는 파격적이고 예측 불가능한 전략으로 세상을 놀라게 하는 인물이다. 테슬라의 전기차 혁신, 스페이스X의 민간 우주 탐사, X 인수까지, 일론 머스크는 기존의 한계를 끊임없이 도전하며 새로운 패러다임을 제시해 왔다.

2025년부터 일론 머스크는 한 단계 더 나아가 'DOGE Department of Government Efficiency', 즉 미국 정부효율부의 수장으로서 활동할 예정이다. 그는 규제를 철폐하고, 효율을 중시하면서, 혁신을 촉진하고자 한다. 동시에 이를 통해 그가 수행 중인 다양한 비즈니스 영역에서 큰 이득을 거두고자 하는 움직임을 보이고 있다. DOGE는 단순히 가상화폐를 지칭하던 단어(도지코인)를 넘어서 정부의 비효율성을 개선하고 민간 기업이 경제적 효율성을 극대화할 수 있도록 돕는 새로운 경제 실험(미국 정부효율부)을 상징하는 단어로 자리 잡고 있다.

일론 머스크는 DOGE의 다양한 규제 철폐 활동을 통해 테슬라의 성장을 가속화하고 글로벌 시장에서의 영향력을 확대하려 한다. 또한 DOGE를 활용해 새로운 비즈니스 기회들을 창출하고자 한다. 특히, 정부의 복잡한 규제와 비효율성을 우회할 수 있는 '효율화 기제'로서 DOGE를 제시하고 있다.

이러한 DOGE 전략은 일론 머스크의 비전인 '보다 자율적이고 분권화된 정치경제 구조'를 지향하고 있다. 그가 목표로 하는 것은 정부 시스템의 비효율성을 어떠한 수단과 방법을 사용해서라도, 극단적인 방법을 쓰더라도 개선해 내고자 하며, 이를 통해 정부 예산의 효율적인 집행을 추구하고 있다.

일론 머스크의 DOGE 활동이 테슬라와 글로벌 모빌리티 산업에 어떤 영향을 미칠지에 대한 관심이 높아지고 있다. 일론 머스크가 규제 철폐를 통해 구상 중인 테슬라의 미래 혁신의 모습을 살펴보자.

자율주행 규제 완화와 로보택시 확산

일론 머스크가 테슬라를 통해 가장 공을 들이고 있는 분야 중 하나는 자율주행 기술이다. 자율주행차는 테슬라의 비전인 완전한 전기차 생태계의 핵심이며, 이를 통해 테슬라는 자동차 시장뿐 아니라 모빌리티 서비스 시장에서도 독보적인 위치를 확보하려 하고 있다. 그러나 자율주행 기술의 발전만으로는 충분하지 않다.

자율주행차의 상용화와 로보택시robotaxi 서비스의 확대를 위해 가장 중요한 요소는 규제의 완화이다. 현재 자율주행 관련 규제는 각국 정부의 안전성 기준과 교통 법규에 의해 크게 제약받고 있으며, 이러한 규제가 완화되지 않는 한 완전한 자율주행 및 로보택시 서비스의 확산은 어려울 것이다. 앞서 일론 머스크는 자율주행 규제 완화를 시사한 바 있으며, 우리는 여러 시나리오를 생각해 볼 수 있다.

첫 번째 시나리오는 규제기관과의 협력을 통해 자율주행 차량의 안전성과 신뢰성을 입증하는 것이다. 이를 위해 테슬라는 방대한 양의 주행 데이터를 수집하고, 이를 기반으로 한 안전성 분석 결과를 자발적으로 공개하고 있다. 일론 머스크는 자율주행차가 사람보다 더 안전하다는 데이터를 바탕으로 규제 완화의 필요성을 설득하고 있으며, 이를 통해 단계적인 규제 완화가 이루어질 가능성이 높다. 예를 들어, 미국의 일부 주에서는 이미 자율주행차의 테스트 운행을 허용하고 있으며, 캘리포니아와 애리조나 같은 지역에서는 제한된 형태의 로보택시 서비스가 시작되고 있다. 이러한 성공 사례는 규제당국이 자율주행차의 상용화에 더 긍정적인 입장을 취하게 만들 가능성이 있다.

두 번째 시나리오는 자율주행차와 관련된 법적 책임 문제를 해결하는 것이다. 현재 대부분의 국가에서는 사고 발생 시 운전자가 법적 책임을 지도록 되어 있다. 그러나 자율주행차가 상용화되면, 운전자가 아닌 제조사나 서비스 제공자가 책임을 지는 새로운 법적 체계가 필요하다. 자율주행차의 사고 데이터를 분석히고, 사고 발생 시 차량 운전자와 보험사, 통신사, 차량 제조사 등 누구에게 책임이 있는지를 보다 명확히 하는 것이 중요하다.

세 번째 시나리오는 도시 교통 인프라와의 협력이다. 자율주행차가 제대로 기능하기 위해서는 도로 인프라의 개선이 필요하다. 이를 위해 테슬라는 도시와 협력하여 자율주행차 전용 차선, 스마트 신호등, 교통 데이터 공유 시스템 등을 구축하는 방안을 추진하고 있다. 이러한 인프라 개선은 자율주행차의 안전성과 효율성을 크게 높일 수 있으며, 특히 대도시 지역에서의 교통 혼잡을 줄이는 데 중요한 역할을 할 것이다.

규제가 완화될 경우, 테슬라는 이를 기회로 삼아 로보택시 서비스를 전국적으로 확대할 계기로 삼을 가능성이 있다. 테슬라의 로보택시는 기존의 전통적인 택시 서비스와 달리, 운전자가 필요 없는 완전 자율주행 차량으로 운영될 예정이다. 이를 통해 테슬라는 차량 소유 개념에서 벗어나 '모빌리티 서비스'로의 전환을 시도하고 있다. 테슬라의 계획에 따르면, 소비자들은 테슬라 앱을 통해 로보택시를 호출하고, 원하는 목적지까지 편리하게 이동할 수 있다. 로보택시 서비스는 특히 도심 지역에서 큰 인기를 끌 것으로 예상되며, 출퇴근 시간대의 교통 혼잡을 줄이고, 주차 공간 부족 문제를 해결하는 데 기여할 것이다.

테슬라는 로보택시 서비스의 전국적 확산을 위해 대규모 차량 생산 및 배터리 공급망 확충을 위한 계획 수립과 제반 준비를 진행 중이다. 로보택시 서비스가 전국적으로 확대되면, 테슬라는 매년 수백만 대의 자율주행차를 생산할 계획이며, 이를 통해 막대한 수익을 창출할 수 있을 것이다. 또한, 로보택시 서비스는 테슬라의 차량 데이터를 실시간으로 수집할 수 있는 기회를 제공하며, 이는 자율주행 기술의 지속적인 개선과 발전에 중요한 역할을 할 것이다.

궁극적으로 테슬라는 로보택시 서비스를 통해 새로운 모빌리티 생태계를 구축하고, 교통의 패러다임을 전환하려는 목표를 가지고 있다. 일론 머스크는 로보택시가 도입되면 차량의 효율성이 극대화되고, 교통사고와 탄소 배출이 크게 감소할 것이라고 주장하고 있다. 또한, 테슬라는 로보택시 서비스를 통해 자동차 판매뿐 아니라 모빌리티 서비스 제공자로서의 입지를 강화하고, 장기적으로는 글로벌 모빌리티 시장을 주도하려는 전략을 구상하고 있다. 이로 인해 테슬라는 단순한 자동차 제조업체를 넘어, 미래 교통 인프라의 핵심을 담당하는 기술기업으로 자리매김할 가능성이 크다.

옵티머스를 통한 로봇 규제 개혁 전략

일론 머스크는 전기자, 우주 탐사, AI 등 여러 분야에서 혁신을 이끌어왔으며, 최근에는 휴머노이드 로봇 '옵티머스Optimus'를 통해 또 한 번 새로운 도전에 나서고 있다. 테슬라의 휴머노이드 로봇 옵티머스는 인간과 유사한 형태와 기능을 가진 자율형 로봇으로, 제조업 및 서비스업 전반에 걸쳐 혁신적인 자동화 솔루션을 제공할 가능성을 가지고 있다. 그러나 옵티머스의 상용화와 확산을 위해서는 필수적인 규제 완화와 새로운 법적 기준의 수립이 필요하다. 향후 일론 머스크는 이를 위해 미국 노동부DOL 산하의 직업안전보건청OSHA과 같은 주요 규제기관에 적극적으로 개혁 요구를 할 가능성이 있다.

옵티머스 로봇은 제조업과 서비스업의 다양한 현장에서 인간의 작업을 대체하거나 보조할 수 있는 가능성을 가지고 있다. 특히, 테슬라는 옵티머스를 제조공정의 자동화 솔루션으로 활용하여, 반복적인 작업이나 위험한 환경에서의 작업을 로봇이 수행할 수 있도록 하는 목표를 가지고 있다. 이를 통해 생산성을 크게 향상시키고, 노동 비용을 절감할 수 있는 새로운 자동화의 시대를 열려 하고 있다. 그러나 현재의 규제 환경은 이 목표를 달성하는 데 장애물로 작용하고 있다. 대부분의 국가에서 휴머노이드 로봇의 사용에 대한 명확한 법적 기준이 마련되지 않았으며, 특히 안전성 문제와 관련된 엄격한 규제는 로봇의 상용화를 지연시키고 있다.

옵티머스 로봇이 단순한 제조업용 자동화 솔루션을 넘어, 서비스업 분야에서도 폭넓게 사용되기 위해서는 명확한 안전기준이 필요하다. 현재 서비스 로봇의 안전기준은 아직 초기 단계에 머물러 있으며, 이는 로봇이 다양한 환경에서 자유롭게 상용화되는 것을 제한하는 요소이다. 예를 들어, 병원, 호텔, 레스토랑 등의 서비스업에서는 로봇이 인간과 상호작용할 때 발생할 수 있는 안전 문제를 어떻게 해결할 것인지에 대한 법적 기준이 필요하다.

옵티머스의 도입은 단순히 로봇 기술의 상용화에 그치지 않고, 제조업 전반에 걸쳐 대대적인 변화를 가져올 가능성이 크다. 테슬라는 옵티머스를 통해 자사의 제조공정을 완전 자동화하는 것을 목표로 하고 있으며, 이를 통해 생산 효율성을 극대화하려 하고 있다. 그러나 현행 규제는 제조공정 자동화의 도입을 방해하고 있다. 예를 들어, 일부 주에서는 자동화된 로봇이 일정 수준 이상의 작업을 수행할 경우 별도의 안전 검사와 인증 절차를 거쳐야 하며, 이는 상당한 시간과 비용을 요구한다.

일론 머스크의 로봇 규제 개혁 전략은 단기적인 이익을 넘어, 장기적인 산업 구조의 변화를 목표로 하고 있다. 그는 휴머노이드 로봇이 산업 전반에 걸쳐 도입되면, 생산성의 비약적인 향상과 비용 절감이 가능할 것으로 예상하고 있으며, 이를 통해 글로벌 시장에서의 경쟁 우위를 확보하려 한다. 또한, 로봇의 도입이 가속화되면, 노동 인구 감소와 같은 사회적 문제를 해결하는 데도 기여할 수 있을 것이라는 비전을 제시하고 있다.

신재생 에너지의 강자, 테슬라

미국의 신재생 에너지 정책 변화는 전통적인 화석연료 중심의 중앙집중식 에너지 산업에서 벗어나, 보다 유연하고 분산화된 에너지 시스템으로의 전환을 목표로 한다. 이는 환경 보호와 에너지 안보 강화라는 두 가지 중요한 목표를 동시에 달성하기 위한 전략적 선택이라고 할 수 있다. 이러한 정책적 변화는 테슬라 CEO인 일론 머스크가 제시하는 지속 가능한 에너지 시스템에 대한 비전과 밀접하게 연관되어 있으며, 이는 기술 혁신을 통한 에너지 산업의 근본적인 변화를 추구한다는 점에서 주목할 만하다. 특히, 테슬라는 가상발전소VPP 구축, 전국적인 전기차 충전 인프라 확장, 대규모 가정용 및 산업용 에너지 저장장치ESS 구축을 통해 신재생 에너지의 활용을 극대화하고 있는데, 이는 단순한 기술 혁신을 넘어 에너지 산업의 패러다임을 근본적으로 변화시키는 시도라고 할 수 있다. 머스크의 비전은 재생 가능한 전력을 보다 효율적으로 생산하고 분배할 뿐만 아니라, 혁신적인 암호화폐 결제 플랫폼을 통해 전력 거래의 새로운 패러다임을 구축하는 것을 목표로 하며, 이는 에너지 산업의 민주화와 탈중앙화를 촉진하는 핵심 동력이 될 것으로 기대된다.

머스크는 전기차 충전 인프라를 북미 전역에 걸쳐 지속적으로 확장하고 있는데, 이는 신재생 에너지의 소비를 극대화하고 전기차 보급을 가속화하기 위한 중요한 전략적 요소로 작용하고 있다. 현대적인 전기차 충전소는 단순한 충전 기능을 넘어 스마트 그리드의 핵심 구성요소이자 전력망의 중요한 전략적 자산으로 자리매김하고 있으며, 이는 미래 에너지 시스템의 핵심 인프라로서의 역할을 담당하게 될 것이다. 첨단 충전소는 충전 중인 전기차를 이동식 전력 저장소로 활용할 수 있는 혁신적인 V2GVehicle-to Grid 기술을 통해 전력망의 수급 불균형을 효과적으로 완화하는 역할을 수행하며, 이는 전체 전력 시스템의 안정성과 효율성을 크게 향상시키는 데 기여하고 있다. 이러한 기술적 혁신을 통해 전기차는 단순한 교통수단을 넘어 전력망의 핵심적인 구성요소로 진화하고 있으며, 전기차 사용자들은 충전소에서 전력을 공급받을 뿐만 아니라 필요한 경우 잉여 전력을 전력망에 되돌려줄 수 있는 양방향 에너지 프로슈머로서의 역할을 수행할 수 있게 되었다. 이러한 혁신적인 시스템은 충전 인프라의 양적 확대뿐만 아니라 전체 전력망의 안정성, 효율성, 그리고 회복력을 동시에 향상시키는 시너지 효과를 창출하고 있는 것이다.

가상발전소는 일론 머스크가 구상하는 미래 에너지 시스템의 핵심적인 구성요소이자 기술적 기반으로서, 지리적으로 분산된 다양한 소규모 에너지 자원들을 첨단 정보통신기술을 활용하여 하나의 통합된 발전소처럼 효율적으로 운영하는 혁신적인 시스템이다. 이 시스템은 개별 가정의 태양광 패널, 대규모 풍력 터빈, 산업용 배터리 저장 시스템 등 다양한 규모와 형태의 분산 에너지 자원을 하나의 유기적인 네트워크로 연결하여 통합적으로 관리하고 운영하는 것을 가능하게 한다. 머스크는 이러한 기술을 통해 수천 또는 수만 가구의 태양광 발전 시스템과 에너지 저장 시스템을 하나의 통합된 플랫폼으로 연결하여, 실시간으로 전력의 공급과 수요를 최적화하고 조절할 수 있는 미래지향적인 에너지 관리 시스템을 구축하고자 한다. 이러한 첨단 시스템은 태양광이나 풍력과 같은 신재생 에너지원의 본질적인 불규칙성과 간헐성을 효과적으로 보완하고, 안정적이고 신뢰성 높은 전력 공급을 가능하게 하는 기술적 해결책을 제시한다. 특히 가상발전소는 지역별 전력 수요의 급격한 변화나 예기치 못한 수급 불균형 상황에 신속하고 유연하게 대응할 수 있어, 자연재해나 갑작스러운 전력 수요 증가와 같은 비상 상황에서도 효과적으로 대처할 수 있는 탄력적인 전력 공급 시스템을 구현할 수 있는 것이다.

암호화폐 기반의 혁신적인 전력 거래 플랫폼 도입은 머스크가 구상하는 미래 에너지 시스템의 또 다른 혁신적인 구성요소로서, 이는 에너지 거래의 효율성과 접근성을 획기적으로 개선할 수 있는 잠재력을 지니고 있다. 테슬라는 이미 자사 제품에 대한 비트코인 결제 수락을 통해 암호화폐의 실제 상거래 적용 가능성을 검증한 바 있으며, 이러한 경험과 기술을 바탕으로 전력 거래 시장에 블록체인 기술을 접목하려는 진취적인 시도를 진행하고 있다. 이러한 암호화폐 기반의 혁신적인 거래 플랫폼은 전력 거래의 투명성을 획기적으로 개선하고 거래 효율성을 대폭 향상시킬 수 있는 잠재력을 가지고 있으며, 특히 블록체인 기술의 도입을 통해 모든 전력 거래 기록이 안전하고 투명하게 보관되고, 중개 비용이 최소화되는 효과를 기대할 수 있다. 더불어 암호화폐를 통한 마이크로 페이먼트가 가능해짐에 따라, 소규모 가정에서도 남는 전력을 손쉽고 효율적으로 거래할 수 있는 혁신적인 환경이 조성될 것으로 전망된다. 이러한 기술적 혁신은 전력 거래 시장 참여에 대한 진입장벽을 획기적으로 낮추고, 더 많은 소비자들이 능동적인 에너지 프로슈머로서 전력 거래 시장에 참여할 수 있는 새로운 기회를 제공함으로써, 에너지 시장의 민주화와 분산화를 가속화하는 촉매제 역할을 할 것으로 기대된다.

우주 산업에서의 영향력 강화

스타십 프로그램 가속화

일론 머스크의 스타십 프로그램 가속화는 민간 우주 산업을 독점하려는 전략적 행보로 평가되고 있다. 이 프로그램은 스페이스X의 차세대 로켓인 스타십을 중심으로 진행되며, 이를 통해 우주 탐사, 화물 운송, 인류의 화성 이주 등을 실현하려는 일론 머스크의 야심 찬 목표를 담고 있다. 스타십은 재사용 가능한 완전한 발사체로 설계되었으며, 기존의 우주 발사체들과 비교해 월등한 적재 용량과 비용 효율성을 자랑한다. 이로 인해 스타십은 글로벌 우주 산업의 판도를 바꿀 수 있는 혁신적인 플랫폼으로 떠오르고 있다.

스타십 프로그램의 핵심은 초대형 발사체인 스타십과 이를 지원하는 슈퍼 헤비Super Heavy 부스터이다. 이 발사체는 지구 저궤도LEO, 달, 화성까지 다양한 미션을 수행할 수 있도록 설계되었다. 특히, 지구 저궤도까지 100톤 이상의 화물을 운송할 수 있는 능력은 기존의 어떠한 민간 로켓도 따라올 수 없는 수준이다. 스타십의 재사용 가능성은 또한 우주 발사 비용을 획기적으로 낮추는 역할을 한다. 스페이스X는 스타십의 완전 재사용을 목표로 하여, 발사체의 주요 부품들을 회수하고 재활용할 수 있도록 설계하고 있다. 이는 우주 탐사를 보다 저렴하고 효율적으로 만들며, 상업적 우주 비즈니스 모델을 크게 변화시킬 잠재력을 가진다.

스타십 프로그램의 가속화는 특히 NASA의 아르테미스 프로그램과의 협력을 통해 더욱 두드러지고 있다. 스페이스X는 아르테미스 프로젝트에서 달 착륙 시스템HLS의 주요 공급자로 선정되었으며, 스타십은 이 미션에서 인간 승무원을 달 표면에 착륙시키고, 다시 귀환시키는 역할을 맡고 있다. 이로 인해 스페이스X는 NASA와의 전략적 파트너십을 강화하고 있으며, 민간 우주 기업으로서의 독점적 지위를 공고히 하고 있다. 특히 스타십의 성공적인 개발과 운용은 일론 머스크가 제시한 인류의 화성 이주 계획에도 중요한 전환점이 될 것이다.

일론 머스크는 스타십 프로그램을 가속화하기 위해 다양한 자원과 기술을 집중하고 있다. 스페이스X는 텍사스의 보카치카 지역에 스타베이스라는 거대한 생산 및 발사 시설을 구축하였다. 이곳에서는 스타십의 프로토타입이 빠르게 제작되고, 반복적인 테스트와 개선이 이루어지고 있다. 일론 머스크는 '하드웨어가 우선hardware-rich development'이라는 철학을 내세워, 소프트웨어 개발보다는 실제 하드웨어를 통한 테스트와 개선에 집중하고 있다. 이는 보다 빠른 개발 속도와 혁신적인 설계 변경을 가능하게 한다. 실제로, 스타십은 몇 번의 발사 테스트에서 폭발을 겪었으나, 일론 머스크는 이를 실패가 아닌 '학습의 기회'로 간주하며 개발 속도를 더욱 높였다.

스타링크 확장을 통한 우주 인터넷 시장 독식

스타링크는 스페이스X가 추진하는 위성 기반 인터넷 서비스로, 전 세계에 초고속 인터넷을 제공하기 위한 야심 찬 계획이다. 일론 머스크는 이 프로그램을 통해 지구 저궤도에 수천 개의 소형 위성을 배치하고, 이를 통해 기존 지상 기반 인터넷 인프라가 닿지 않는 지역에도 안정적인 인터넷 접속을 제공하려는 것이다. 스타링크는 2019년 첫 위성 발사를 시작으로 현재까지 약

6,000여 개의 위성을 발사했으며, 이는 단일 기업이 운영하는 가장 큰 위성 군집fleet이다. 이처럼 빠르게 확장하는 위성 네트워크는 민간 우주 인터넷 시장에서 독점적인 지위를 확립하는 데 중요한 역할을 하고 있다.

스타링크의 주요 특징은 저궤도 위성을 통해 제공되는 초고속, 저지연 인터넷 서비스이다. 전통적인 위성 인터넷은 고궤도(약 36,000km)에 위치한 정지궤도 위성을 사용하기 때문에, 신호 전달에 시간이 걸려 높은 지연latency이 발생하는 한계가 있다. 반면, 스타링크의 저궤도 위성은 지구 표면에서 약 550km 높이에 위치해 있어, 신호 지연을 크게 줄일 수 있다. 이로 인해 스타링크는 기존의 위성 인터넷 서비스에 비해 훨씬 빠르고 안정적인 연결을 제공하는 것이다. 이러한 기술적 우위는 스타링크가 인터넷 인프라가 부족한 지역뿐만 아니라, 고속 인터넷이 필수적인 원격 업무, 게임 스트리밍, 자율주행 차량 등 다양한 산업 분야에서도 채택될 가능성을 높여준다.

스타링크는 특히 인터넷 인프라가 부족한 지역에서 큰 수요를 창출하고 있다. 많은 개발도상국 및 외딴 지역에서는 지상 기반 인터넷 인프라 구축이 어렵고 비용이 많이 들기 때문에, 위성 기반 인터넷이 중요한 대안이 될 수 있다. 스타링크는 이를 해결하기 위해 전 세계 100여 개국에서 서비스를 제공하고 있으며, 최근에는 아프리카, 아시아, 남미 등으로 사업을 빠르게 확장하고 있다. 예를 들어, 아프리카 차드에서는 최근 스타링크 서비스 면허를 승인받아 서비스를 제공하게 되었다. 2023년 국제전기통신연합ITU의 보고서에 따르면 아프리카 지역은 인터넷 보급률이 약 37% 수준으로, 유럽과 미주 지역의 90%에 비해 현저히 낮은 수치이다. 따라서 스타링크를 통한 위성 인터넷 서비스의 보급은 향후 디지털 격차digital divide를 줄이는 데 기여하며, 경제 및 사회 발전에도 긍정적인 영향을 미치는 것이다.

스타링크의 빠른 확상은 스페이스X의 자체 로켓 발사 능력 덕분에 가능하다. 스페이스X는 팰컨 9 및 팰컨 헤비 로켓을 통해 한 번의 발사로 수십 개의 스타링크 위성을 저궤도에 배치할 수 있다. 이러한 자체 발사 능력은 경쟁사들보다 빠르게 네트워크를 확장할 수 있는 중요한 이점이다. 또한, 스페이스X는 스타베이스와 같은 생산 및 발사 시설을 확충하여 더 많은 위성을 신속하게 제작하고 발사하고 있다. 이를 통해 스타링크는 단기간 내에 전 세계적인 커버리지를 달성할 수 있는 것이다. 2024년 9월 기준 스타링크는 전 세계 400만 명 이상의 사용자를 확보하고 있으며, 이는 우주 인터넷 시장에서 독점적인 지위를 공고히 하는 데 중요한 요소로 작용하고 있다.

민간 우주 탐사를 통해 화성으로

국제 협력 체계는 우주 탐사에서 중요한 역할을 하는 요소이며, 현재 NASA 주도로 진행 중인 아르테미스 프로그램은 이러한 협력 체계의 상징적인 예이다. 아르테미스 프로그램은 달 탐사와 인간의 지속 가능한 달 거주를 목표로 하는 대규모 프로젝트로, 그 핵심 중 하나는 '루나 게이트웨이Lunar Gateway'라는 달과 지구 사이의 중간 기지 건설이다. 루나 게이트웨이는 달 궤도에 위치한 소규모 우주 정거장으로, 지구와 달 사이를 오가는 중간 기착지 역할을 하며, 달 표면 탐사 및 화성 탐사의 전초 기지로 기능할 예정이다. 이는 기존의 국제우주정거장과는 달리, 달과 더 가까운 궤도에서의 장기적 운영을 목표로 한다.

루나 게이트웨이는 NASA가 주도하지만, 국제적인 협력이 필수적인 프로젝트이다. 캐나다우주국CSA, 유럽우주국ESA, 일본우주항공연구개발기구JAXA 등이 참여하고 있으며, 각국은 게이트웨이의 다양한 모듈 및 장비를 제공할 예정이다. 이러한 국제 협력 구조는 각국이 기술적 역량을 결집해 비용을 분담하고, 동시에 지식과 경험을 공유하는 형태로 진행된다.

특히, 스페이스X는 이 프로젝트에서 중요한 역할을 맡고 있다. 스페이스X는 NASA와의 계약을 통해 아르테미스 프로그램의 인간 착륙 시스템HLS에 스타십을 활용할 예정이다. 이는 달 착륙에 있어 스타십의 핵심적인 역할을 예고하는 것이며, 스페이스X는 내부적으로 루나 게이트웨이에도 스타십을 배치하려는 계획을 갖고 있는 것으로 알려져 있다. 일론 머스크는 스타십을 루나 게이트웨이의 주요 수송 수단으로 사용함으로써, 달 탐사뿐만 아니라 미래의 화성 탐사 계획과도 연계하고자 하는 것이다.

일론 머스크가 DOGE 수장으로 지명됨에 따라, 향후 규제 개선 및 예산 절감과 관련된 많은 권한을 갖게 될 것으로 전망되는 상황에서, DOGE가 NASA의 예산 확보와 정책 변화에 미칠 영향력이 스페이스X에게 중요한 호재로 작용할 수 있다고 판단하고 있다. NASA의 예산은 미국 의회의 승인에 따라 결정되며, 이는 아르테미스 프로그램과 같은 대규모 프로젝트의 성공 여부를 좌우할 수 있는 중요한 요소이다. 오바마 행정부 시절, NASA의 예산이 삭감되며 대규모 탐사 계획이 지연되거나 취소된 경험은 아직도 트라우마로 남아 있다. 일론 머스크는 이러한 정치적 리스크를 인지하고 있으며, NASA와의 협력 관계를 통해 예산 확보에 유리한 입지를 다지고자 할 수 있다. 특히, 일론 머스크가 DOGE 수장으로서 만약 NASA의 고위 정책 결정 과정에 영향력을 행사할 수 있다면, 이는 스페이스X의 장기적인 목표 달성에 있어 긍정적인 영향을 미칠 수 있다. 향후 아르테미스 프로그램이 성공적으로 진행된다면, 이는 스페이스X의 스타십이 NASA의 주요 탐사 수단으로 자리 잡을 가능성을 높이는 기회가 될 수도 있다.

스페이스X의 목표는 단순한 달 탐사에 그치지 않는다. 일론 머스크는 2040~2060년 사이에 대규모 스타십 발사를 통해 인류의 화성 이주를 실현하려는 장기적인 비전을 가지고 있다. 일론 머스크의 구상에 따르면, 스타십 100대를 동시에 발사해 한 번에 수천 명의 인류를 화성으로 보내는 것이 목표이다. 이는 기존의 우주 탐사와는 차원이 다른 대규모 계획으로, 일론 머스크의 '인류 다행성 종족' 비전을 실현하는 데 핵심적인 역할을 할 것이다. 이러한 계획은 현재로서는 '일론 머스크의 희망적 전망(일론 타임Elon Time)'에 해당하지만, 일론 머스크는 이를 현실화하기 위해 스페이스X의 기술 개발과 NASA와의 협력을 지속적으로 강화하고 있다.

루나 게이트웨이는 이와 같은 장기적인 비전의 중요한 출발점이다. 달 궤도에 위치한 중간 기지는 지구와 화성 사이의 장거리 여행을 준비하는 테스트 베드 역할을 할 수 있다. 루나 게이트웨이는 장기 체류 및 우주 방사선에 대한 연구, 달 표면 탐사 준비, 그리고 미래의 화성 탐사 준비에 필수적인 역할을 할 수 있다. 특히, 스타십의 배치는 이를 더욱 가속화 할 수 있는 요소이다. 스타십은 발사체를 목표로 하고 있으며 기존의 우주 탐사선보다 훨씬 더 많은 화물과 승무원을 한 번에 운반할 수 있다. 이는 달 탐사의 경제성을 높이는 동시에, 화성 탐사에도 필요한 대규모 수송 능력을 테스트할 수 있는 기회를 제공하는 것이다.

일론 머스크의 계획이 실현된다면, 2030년대에는 스타십이 루나 게이트웨이와 달 표면을 오가는 주요 수송 수단으로 자리 잡고, 2040년대에는 화성 탐사 임무의 핵심 발사체가 될 가능성이 크다. 스페이스X는 이 모든 과정에서 NASA와의 협력을 통해 정치적, 재정적 지지를 확보하며, 동시에 기술적 역량을 강화하려 할 것이다. NASA는 아르테미스 프로그램을 통해 루나 게이트웨이를 중심으로 한 새로운 국제 우주 협력 체계를 구축하고 있으며, 이는 스페이스X에도 중요한 기회로 작용할 것이다. 일론 머스크는 이를 통해 스타십의 대규모 발사를 현실화하고, 인류의 화성 이주라는 궁극적인 목표를 이루려고 할 것이다.

AI 자동화와 공공 서비스 인력 대체

그록 AI 모델의 발전

그록Grok은 엑스닷컴이 개발한 AI 모델로, X의 방대한 자연어 데이터를 활용하고 있다. 초기 오픈AI의 공동 설립자였던 일론 머스크는 샘 올트먼Sam Altman과의 관계 악화 이후 소송전을 벌인 바 있고, 트위터 인수 이후 그록을 통해 독자적인 AI 생태계를 구축하려 하고 있다.

첫째, 그록은 AI 모델의 성능을 한층 강화하고 있다. X는 매일 수억 개의 트윗이 생성되는 플랫폼으로, 이 데이터를 활용해 그록은 인간 언어를 이해하는 능력을 빠르게 발전시키고 있다. 그러나 일론 머스크는 여기에 그치지 않고, DOGE에서 연방 정부의 행정 데이터를 분석하고 자동화하는 방향으로 그록의 적용 범위를 확대하려 할 수 있다. 이로 인해 연방 공무원의 업무 효율성이 개선되고, 일부 업무는 자동화로 대체될 가능성도 존재한다.

둘째, 오픈AI와의 경쟁 구도는 그록의 성장에 중요한 요소다. 오픈AI는 2015년 일론 머스크, 샘 올트먼, 일리야 수츠케버Ilya Stuskever 등이 함께 설립한 비영리 단체였으나, 시간이 지나면서 이익 추구 조직으로 전환되었다. 이 과정에서 샘 올트먼의 리더십이 강화되며, 일론 머스크는 이사회에서 축출되었다. 이후 일론 머스크는 오픈AI의 독점적 시장 구조를 견제하고자 그록을 통해 새로운 AI 생태계를 구축하고 있다. X의 실시간 데이터를 활용한 그록의 모델 업데이트는 빠르게 이루어지고 있다.

셋째, AI 자동화와 인력 대체는 그록의 발전과 밀접하게 연결될 수 있다. 일론 머스크는 AI가 자동화에 중요한 역할을 할 수 있다고 강조해 왔다. 향후 AI를 통한 행정 업무의 효율성 제고가 이뤄진다면 연방 공공 조직의 인력 대체와도 연관될 가능성이 있으며, 이렇게 될 경우 AI가 노동 시장에 미칠 영향에 대한 우려와 사회적 논의의 필요성이 커질 것이다.

그록은 오픈AI와의 경쟁 속에서 빠른 업데이트와 실시간 데이터를 활용한 진화로 차별화된 성능을 보여주고 있으며, AI 시장에서 오픈AI 주도의 독점 체제가 아니라 그록이 포함된 과두정 체제로 전환하고자 노력하고 있다. AI 자동화와 인력 대체 논의는 앞으로 더욱 중요해질 전망이며, 그록은 이러한 변화의 중심에서 중요한 역할을 할 것으로 보인다.

소셜미디어 플랫폼 혁신과 빅테크 간의 경쟁

일론 머스크의 AI와 소셜미디어 플랫폼 혁신 전략은 빅테크 기업과의 관계 변화를 통해 더욱 가속화되고 있다. 트위터를 X로 이름을 바꿔 리브랜딩re-branding한 이후 그는 AI 개발을 위한 소셜미디어 플랫폼의 혁신을 주도하고 있다. 개인정보 보호 프레임워크 강화를 '하나의' 카드로 활용할 가능성도 배제할 수 없다. 이는 단순한 사용자 보호를 넘어 구글, 애플, 메타, 마이크로소프트, 아마존 등과 같은 빅테크 기업의 힘을 약화시키기 위한 수단으로 사용할 수 있음을 의미한다.

빅테크 기업들은 사용자 데이터의 광범위한 수집과 활용을 통해 막대한 수익을 창출해 왔으나, 개인정보 보호 규제가 강화되면 이들의 데이터 활용 가능성은 제한될 수밖에 없다. 일론 머스크 역시 자신의 플랫폼 혁신과 AI 개발 전략에 다양한 사용자 데이터를 사용 중이다.

이러한 개인정보 보호 프레임워크 강화는 실제 사용자의 데이터권 보호 목적보다는 빅테크 길들이기 전략의 일환으로 해석될 수 있다. 구글과 메타, 애플 등은 각자 AI 개발과 데이터 수집에서 주도적인 위치를 차지하고 있으나, 여전히 치열하게 경쟁하고 있다. 한편, 일론 머스크는 이들 기업과의 경쟁에서 강력한 차별화를 시도하고 있다. 일론 머스크와 메타 CEO 마크 저커버그는 AI 기술을 둘러싸고 의견 차이를 보여왔다. 저커버그는 AI 기술이 소셜 네트워크의 사용자 경험을 향상시키는데 집중하는 반면, 머스크는 AI의 사회적, 경제적 영향에 대한 우려를 제기하며 더욱 신중한 접근을 요구해 왔다. 이로 인해 둘 사이에는 약간의 악연이 형성되었고, 이는 X 플랫폼과 메타의 경쟁 구도에도 반영되고 있다.

일론 머스크와 제프 베이조스 간의 관계 역시 처음에는 동료 기업가로서의 인연이 있었으나, 이후 우주 산업에서의 경쟁이 격화되며 악연으로 변모했다. 스페이스X와 블루 오리진은 우주 탐사와 관련된 여러 프로젝트에서 경쟁하며 충돌했으며, 특히 달 탐사 프로젝트 입찰에서의 갈등은 둘 사이의 관계를 악화시켰다. 베이조스는 아마존의 막대한 자원을 활용해 우주 산업에서의 입지를 강화하려 하고 있으며, 머스크 역시 스페이스X를 통해 글로벌 우주 산업의 선두 주자로 자리매김하려는 목표를 가지고 있다. 이들의 경쟁은 AI 기술 개발과 소셜미디어 플랫폼 혁신에서도 나타나고 있다. 특히 일론 머스크는 아마존의 데이터 독점 구조를 견제하기 위해 X를 통한 실시간 데이터 수집을 강화하고 있다.

구글과 일론 머스크의 관계는 더 복잡하고, 개인적인 갈등 요소도 포함되어 있다. 일론 머스크는 구글의 공동 창업자였던 레리 페이지Larry Page와 오랫동안 친구 사이였으나, 개인적인 사건으로 인해 관계가 악화되었다. 일론 머스크가 레리 페이지의 아내와의 불륜 사건에 연루되면서 둘 사이의 우정은 파탄에 이른 바 있다. 한편, 구글은 AI 서비스인 클로드Claude를 제공하는 앤트로픽Anthropic에 투자를 해오고 있으며, AI 영역에 있어서도 다자 경쟁 구도를 가지고 있다.

디지털 신원 등록과 시민 참여 플랫폼

일론 머스크는 X 플랫폼을 단순한 소셜미디어를 넘어, 결제 서비스까지 통합된 모습으로 재편하려고 하고 있다. 물론 이 글을 쓰는 시점에서는 단정지어 말하긴 어렵지만, 향후 일론 머스크가 정부 효율 증대를 위해 공공 서비스의 디지털화를 진행하는 과정에서 디지털 신원 등록과 시민 참여 플랫폼으로 X를 활용할 가능성을 전혀 배제할 수는 없다.

X는 기존의 소셜미디어와 차별화된 방식으로 사용자들의 의견

을 수렴하며, 일론 머스크는 자신의 X 계정을 통해 다양한 정책과 결정 사항에 대해 투표를 실시하고 있다. 이는 향후 DOGE에서 일론 머스크가 수장으로 활동하면서 다양한 의제에 대해 미국 시민들의 의견을 수렴하기 위한 일종의 '디지털 국민 투표' 모델로도 활용될 가능성이 있다. 사용자들이 실시간으로 참여하고 의견을 제시할 수 있는 새로운 민주주의의 형태를 실험하는 과정이라고 볼 수도 있다.

디지털 신원 등록의 핵심은 사용자의 신원 정보와 소셜미디어 계정을 연결하여, 온라인에서의 활동이 실제 신원과 연결되도록 하는 것이다. 이는 기존의 익명 기반 소셜미디어 플랫폼과는 다른 접근으로, 보다 투명하고 책임 있는 온라인 참여를 유도한다. 일론 머스크는 X의 사용자를 실명 기반의 '디지털 신원Digital Identification'으로 통합하려는 목표를 가지고 있으며, 이를 통해 더욱 신뢰성 있는 정보 공유와 논의가 가능해질 것으로 기대하고 있다.

예를 들어, 사용자는 자신의 계정을 인증받고, 정부와 관련된 서비스나 투표에 참여할 때 이 디지털 신원을 활용할 수 있다. 이는 공공의 의사결정 과정에 직접 참여할 수 있는 기회를 제공하며, 사용자는 자신의 의견이 실제 정책 결정에 반영될 수 있다는 것을 느낄 수 있다.

일론 머스크는 자신의 X 계정에서 종종 중요한 결정 사항에 대해 팔로워들에게 투표를 요청하는데, 이는 단순한 의견 조사 이상의 의미를 가진다. 이러한 방식은 기존의 소셜미디어 상호작용을 넘어, 정책 결정 과정의 일부로 작용하는 새로운 참여 모델을 제시한다. 예를 들어, 트위터 CEO 해임 결정이나 X의 주요 기능 변경 여부에 대한 투표는 일론 머스크가 팔로워들에게 직접 의견을 묻고, 그 결과를 수용하는 형태로 이루어졌다. 이는 사용자들에게 참여의식을 고취시키는 동시에, 그가 플랫폼의 민주적인 운영을 강조하고 있다는 메시지를 전달한다.

디지털 신원 통합과 시민 참여 플랫폼은 공공 부문과의 협력 가능성도 시사한다. 일론 머스크는 X를 단순한 소셜미디어가 아닌, 디지털 공공 플랫폼으로 발전시켜 정부와 협력하고 행정 서비스를 제공하려는 의도를 드러내고 있다. 디지털 신원을 통해 사용자는 온라인으로 정부 서비스에 접근할 수 있으며, 행정 절차를 간소화하고 투명성을 높일 수 있다. 예를 들어, 디지털 신원 인증을 통해 사용자는 온라인 투표, 세금 신고, 공공 서비스 신청 등 다양한 행정 절차를 손쉽게 처리할 수 있다. 이는 시민 참여를 촉진하고, 정부와의 소통을 강화하는 역할을 할 수 있다.

이러한 디지털 신원 통합과 시민 참여 플랫폼의 모델은 전통적인 정치 구조에 도전하는 요소를 포함한다. 일론 머스크는 기술을 통해 정부의 투명성을 높이고, 시민들의 직접적인 참여를 유도함으로써 새로운 형태의 디지털 민주주의를 실현하려는 의지를 보이고 있다. 특히, X 플랫폼의 실시간 투표 기능은 기존의 정치 시스템에서 볼 수 없는 높은 참여율과 즉각적인 피드백을 가능하게 한다. 이는 정치적 의사결정의 신속성을 높이는 동시에, 시민들이 자신의 의견이 반영된다는 것을 실시간으로 체감할 수 있게 한다.

디지털 신원 통합과 시민 참여 플랫폼은 X의 미래 전략에서 중요한 부분을 차지하며, 일론 머스크는 이를 통해 플랫폼의 차별성과 영향력을 강화하고 있다. 이는 단순히 소셜미디어의 기능을 확장하는 것을 넘어, 사용자들이 정부의 정책 결정 과정에 실질적으로 참여할 수 있는 새로운 공간을 창출하고 있다. 다만, 일론 머스크가 주도하는 X 플랫폼에서 이런 작업을 진행할 경우, X를 사용하지 않거나 특정 기업의 플랫폼에서 디지털 신원 통합과 시민 참여 플랫폼을 운영하는 것에 대한 대중들의 저항이 있을 수 있다. 또한 민주주의 관점에서도 이것이 통제와 견제가 가능한 것인지에 대한 일각의 문제 제기가 이어질 가능성도 배제할 수 없다.

뇌-컴퓨터 인터페이스 기술과 의료 혁신

뉴럴링크와 미국 정부효율부

뉴럴링크는 뇌-컴퓨터 인터페이스BCI 기술을 통해 신경계 질환 치료와 인간의 인지 능력 향상을 목표로 하고 있다. 일론 머스크는 이 기술이 치매, 척수 손상, 시각 장애 등 다양한 신경계 질환을 치료하는데 혁신적인 해결책이 될 수 있다고 주장한다. 미국 식품의약국FDA의 의료기기 규제는 환자의 안전을 최우선으로 하기 때문에, 새로운 침습적 뇌 이식 기술에 대해서는 매우 엄격한 검증 과정을 요구한다.

FDA의 승인 절차는 새로운 약물과 의료기기, 치료법의 안전성과 효능을 검토하는 중요한 과정이지만, 현재의 승인 절차는 여전히 복잡하고 시간이 많이 소요된다. 특히 혁신적인 기술과 치료법이 빠르게 개발되고 있는 현대 의료 환경에서, 기존의 승인 절차는 더 이상 적합하지 않다는 비판도 일각에서 제기되고 있다.

뉴럴링크는 뇌와 컴퓨터를 연결하는 혁신적인 신경 인터페이스 기술을 개발하고 있는데, 이 기술은 기존의 약물이나 의료기기와는 전혀 다른 형태의 치료법이기 때문에, FDA의 기존 승인 절차로는 이 기술을 적절히 평가하기 어려울 수도 있다.

실제로 뉴럴링크는 2022년 FDA에 인간 임상시험을 신청했으나, 당시 FDA는 장치의 리튬 배터리 안전성, 뇌 내 전극의 이동 가능성, 장치 제거 시 뇌 조직 손상 우려 등 여러 안전 문제를 지적하며 승인을 거부한 바 있다. 다만, 이후에 뉴럴링크는 2023년 5월 FDA로부터 첫 번째 인간 임상시험에 대한 승인을 받았으며, 2024년 1월에는 첫 번째 인간에게 뇌-컴퓨터 인터페이스 장치를 성공적으로 이식한 바 있다.

아직은 일론 머스크가 구체적으로 DOGE를 통해 뉴럴링크의 활동에 어떤 영향을 미칠지 구체적으로 밝힌 바는 없다. 하지만 중장기적으로 규제 혁신과 관련하여 광범위한 활동을 DOGE에서 진행하게 된다면, 바이오 및 헬스케어 분야에서 뉴럴링크의 뇌-컴퓨터 간 상호작용을 기반으로 신경 손상이나 중추신경계 장애를 가진 환자들을 대상으로 한 치료적 접근에 대한 확대 가능성도 배제할 수 없을 것이다.

바이오테크를 통한 일론 머스크의 비전은?

뉴럴링크는 사람의 뇌와 컴퓨터를 연결하여 새로운 형태의 인간-컴퓨터 상호작용HCI을 실현하려는 목표를 가지고 있으며, 뇌에 전극을 삽입하여 뉴런의 신호를 실시간으로 해석하고, 이를 통해 컴퓨터나 스마트 기기를 제어할 수 있게 하는 혁신적인 접근법을 준비하고 있다. 뉴럴링크의 기술이 상용화된다면, 단순히 기존의 스마트폰이나 컴퓨터와 비교할 수 없는 차원의 변화가 예상되며, 특히 인간의 의사소통과 정보 처리가 근본적으로 달라질 가능성이 크다.

뉴럴링크 개발 초기부터 일론 머스크는 "이 기술이 다음 세대의 스마트 기기가 될 수 있다"라고 강조했다. 초기 뉴럴링크의 목표는 의료 분야에서의 혁신이었다. 예를 들어, 신경 손상이나 중추신경계 장애를 가진 환자들이 뇌의 신호를 통해 의사소통을 재구성할 수 있도록 돕는 것이다. 그러나 일론 머스크는 단순히 의료기기로서의 가능성에 그치지 않고, 뉴럴링크를 통해 인간의 인지능력 자체를 확장하려는 비전을 가지고 있다. 이는 인간의 뇌가 직접 디지털 정보를 처리할 수 있는 수준으로 확장되면서, 기존의 스마트폰 사용 방식을 넘어서 새로운 형태의 정보 접근과 제어 방식을 제공하는 것을 목표로 한다. 하지만 앞으로 상용화되기 위해서는 더 많은 임상시험과 데이터 검증이 필요하다.

뉴럴링크의 기술적 발전은 현재로서는 마우스 클릭이나 메시지 입력을 생각만으로 제어하는 수준까지 도달해 있다. 이는 아직 초기 단계에 불과하지만, 처리 속도와 용량이 점점 확대되면서 손 타이핑 속도를 넘어설 가능성이 있다. 만약 뇌-컴퓨터 인터페이스 기술이 손 타이핑을 넘어서는 수준의 입력 속도를 제공하게 된다면, 이는 단순한 편의성을 넘어서 정보 접근과 의사소통의 방식을 근본적으로 변화시킬 수 있다. 만약 사용자가 생각만으로 이메일을 작성하거나, 복잡한 컴퓨터 명령을 실행할 수 있는 수준에 도달할 수 있다면, 이는 스마트폰 이후 새로운 패러다임을 제시하게 될 것이다.

2024년 8월, 일론 머스크와 뉴럴링크 팀은 렉스 프리드먼Lex Fridman 팟캐스트에 출연하여 8시간에 걸친 인터뷰를 진행했다. 이 인터뷰에서는 뉴럴링크의 기술적 성과와 더불어 2024년 1월과 7월에 승인된 2명의 환자를 대상으로 한 임상시험의 진행 상황, 그리고 향후 계획에 대해 자세히 논의되었다. 특히 일론 머스크는 뉴럴링크가 단순한 의료기기를 넘어, 인간의 인지 능력을 확장하는 도구가 될 수 있다고 강조했다. 이어서 그는 현재 뉴럴링크가 구현하고 있는 기술 수준과 앞으로의 발전 방향을 설명하며, 현재는 초기 단계의 기술이지만 시간이 지남에 따라 처리 속도와 용량, 그리고 가용 범위가 확대될 것이라고 밝혔다. 지금은 생각만으로 간단한 클릭이나 메시지 입력이 가능한 수준이지만, 이 기술이 더 발전하면 손 타이핑 속도를 뛰어넘고, 복잡한 작업까지도 생각만으로 제어할 수 있는 단계에 이를 것으로 예상된다.

뇌-컴퓨터 인터페이스 생태계 구축

뇌-컴퓨터 인터페이스 기술은 인간의 뇌와 컴퓨터를 직접 연결하여 신경 신호를 실시간으로 해석하고, 이를 통해 인간의 의도나 생각을 디지털 신호로 전환하는 기술이다. 이 기술은 척수 손상이나 신경 질환으로 인한 장애를 극복할 수 있는 잠재력을 지니고 있으며, 인간의 인지 능력을 증강할 수 있는 미래 기술로 주목받고 있다. 그러나 뇌-컴퓨터 인터페이스 생태계는 기술 발전 외에도 연구개발 지원 체계, 윤리적 가이드라인, 그리고 미래 의료 서비스의 비전이 함께 고려되어야 한다.

뇌-컴퓨터 인터페이스 기술의 발전을 위해서는 정부와 민간 부문 모두의 강력한 연구개발 지원 체계가 필수적이다. 연구개발 지원 체계는 기술 개발 초기 단계에서의 자금 지원뿐만 아니라, 임상시험 및 상용화 단계에서도 중요한 역할을 한다. 예를 들어, 미국 국립보건원NIH은 방대한 생명과학 연구 네트워크를 통해 임상 데이터의 수집과 분석을 지원하며, 이를 통해 뇌-컴퓨터 인터페이스 기술의 안전성과 효능을 입증하는 데 기여하고 있다. 이러한 정부 지원은 뉴럴링크와 같은 기업들이 FDA의 승인 절차를 통과하고, 상용화 가능성을 높이는 데 큰 도움이 된다. 또한, 학계와의 협력도 뇌-컴퓨터 인터페이스 기술의 생태계 발전에 중요한 요소이다. MIT, 스탠퍼드, 하버드와 같은 주요 대학들은 신경과학과 AI 연구를 결합하여 뇌-컴퓨터 인터페이스 기술 개발에 기여하고 있다.

뇌-컴퓨터 인터페이스 기술은 인간의 뇌와 직접 연결되기 때문에 윤리적 이슈가 필연적으로 발생한다. 특히, 개인의 신경 데이터를 다루는 과정에서 프라이버시 보호 문제가 중요한 쟁점으로 떠오르고 있다. 뇌 신호는 매우 개인적인 정보이며, 이를 통해 사용자의 의도나 감정까지 파악할 수 있기 때문에, 데이터의 수집과 사용에 대한 명확한 윤리적 가이드라인이 필요하다. 일론 머스크의 뉴럴링크는 초기부터 이러한 윤리적 문제를 해결하기 위해, 데이터의 비식별화 처리와 사용자의 명확한 동의 절차를 강조하고 있다.

또한, 뇌-컴퓨터 인터페이스 기술이 상용화될 경우, 인간의 인지 능력 증강이나 '신경 해킹'과 같은 새로운 윤리적 문제가 등장할 가능성이 크다. 예를 들어, 일부 사용자가 뇌-컴퓨터 인터페이스 기술을 통해 비정상적인 수준의 인지 능력을 가지게 된다면, 이는 사회적 불평등을 초래할 수 있다. 이러한 문제를 해결하기 위해 국제적인 윤리적 가이드라인이 마련되어야 하며, 정부와 기업, 학계가 협력하여 기술의 남용을 방지하는 제도적 장치가 필요하다.

뇌-컴퓨터 인터페이스 기술이 상용화되고 널리 보급되면 미래의 의료 서비스는 근본적인 변화를 맞이할 것이다. 이 기술이 상용화되면 이들이 생각만으로 컴퓨터를 제어하거나, 인공 팔다리를 움직일 수 있는 새로운 치료법이 가능해진다. 이는 단순히 환자의 삶의 질을 개선하는 것을 넘어, 완전히 새로운 형태의 치료 접근을 의미한다.

우리는 정부의
효율성을 높이고,
불필요한 규제를
철폐해야 한다.
We need to enhance
government efficiency and
eliminate unnecessary
regulations.
– 2024년 11월, 트럼프 행정부의
정부효율부 수장으로 지명된 후,
정부 개혁에 대한 포부를 밝히며

5장

DOGE와 정부 혁신, 그리고 위기

ELON
MUSK

DOGE와 정부 혁신

에릭 슈밋과 국방혁신위원회

에릭 슈밋Erik Schmidt은 구글의 CEO로서 오랜 경력을 쌓은 후, 구글의 모회사 알파벳Alphabet의 회장을 역임하며 실리콘밸리에서 혁신의 아이콘으로 자리매김한 인물이다. 그의 리더십과 기술적 통찰력은 구글의 성장과 성과에 큰 기여를 했으며, 이후 그는 트럼프 1기 때 미국 국방부DOD에서 국방혁신위원회Defense Innovation Board의 의장으로서 새로운 역할을 맡게 된다. 국방혁신위원회는 미국 국방부가 급변하는 기술 환경에서 경쟁력을 유지하고, 신속한 기술 채택을 통해 국방 역량을 강화하고자 설립된 자문 기구이다. 슈밋은 이 기구의 수장을 맡아 실리콘밸리의 혁신적 사고와 민간 기술을 국방부에 접목시키기 위해 많은 노력을 기울였다. 그러나 여러 프로젝트가 추진되는 과정에서 그가 주도한 혁신 시도들은 수많은 장애물에 부딪혀 성과를 내지 못하는 경우가 많았다.

에릭 슈밋의 리더십하의 국방혁신위원회는 민간에서 성공적으로 도입된 첨단 기술들을 국방부에 적용하고자 다양한 프로젝트를 추진했다. 그중에서 대표적인 예로는 JEDI Joint Enterprise Defense Infrastructure 및 JWCC Joint Warfighter Cloud Capability 클라우드 프로젝트가 있다. 이 외에도 프로젝트 메이븐 Project Maven 과 DIU Defensive Innovation Unit 등의 접근도 있었다.

첫째, JEDI 클라우드 프로젝트는 국방부의 클라우드 인프라를 현대화하기 위해 시작된 대규모 프로젝트였다. 클라우드 컴퓨팅 기술을 도입함으로써 국방부의 데이터 관리와 정보 접근성을 크게 향상시키려는 목표를 가지고 있었다. 이 프로젝트는 특히 민간 기업인 아마존과 마이크로소프트 간의 경쟁으로 큰 주목을 받았으며, 에릭 슈밋은 이 프로젝트의 추진을 강력하게 지지했다. 그러나 JEDI 프로젝트는 결국 정치적 압력과 소송 문제로 인해 실패하고 말았다. 아마존은 프로젝트 수주 과정에서 정치적 개입이 있었다며 소송을 제기했고, 마이크로소프트와의 계약은 지속적인 논란 속에서 무산되었다. 이로 인해 국방부는 기존의 계획을 수정하고 다른 방식(JWCC 프로젝트로 이어짐)으로 클라우드 인프라를 개선하는 방향으로 전환하게 되었다.

둘째, 프로젝트 메이븐은 국방부의 AI 활용 프로젝트로, 드론 영상 분석에 AI 기술을 적용하는 것을 목표로 했다. 슈밋은 실리콘밸리의 AI 기술을 국방부의 작전 효율성을 높이는 데 활용할 수 있을 것이라 기대했다. 이 프로젝트는 초기에는 긍정적인 반응을 얻었지만, 곧 큰 문제에 봉착하게 된다. 구글 내부에서 수천 명의 직원들이 프로젝트 메이븐에 대한 반대 운동을 벌였으며, AI가 군사 목적으로 사용되는 것에 대해 윤리적 문제를 제기했다. 구글의 AI 기술이 무기를 위한 용도로 사용되는 것을 반대하는 목소리가 커졌고, 이에 따라 구글은 결국 프로젝트 메이븐에서 철수하게 되었다. 이 사건은 AI 기술의 군사적 사용에 대한 윤리적 논의와 사회적 반발을 촉발하는 계기가 되었으며, 국방부의 AI 도입 계획에도 큰 차질을 빚게 되었다.

셋째, DIU는 실리콘밸리 스타트업들과의 협력을 통해 국방부가 첨단 기술을 신속하게 도입할 수 있도록 돕는 역할을 수행했다. DIU는 에릭 슈밋이 국방 혁신의 중요한 수단으로 여겼던 기관으로, 민간의 혁신 기술을 국방부에 빠르게 적용하고자 다양한 시범 사업을 추진했다. 그러나 이 역시 기대한 만큼의 성과를 내지 못했다. 군사 계약의 복잡한 절차와 엄격한 규제는 민간 스타트업들이 국방부와의 협력에서 많은 어려움을 겪게 만들었으며, 결과적으로 DIU의 프로젝트들은 속도와 효율성에서 한계를 드러냈다.

에릭 슈밋의 국방 혁신 프로젝트들이 성공적이지 못했던 이유는 매우 복합적이었다. 주로 관료주의, 문화적 충돌, 윤리적 문제, 정치적 압력 등 다양한 요소들이 얽혀 있었다.

첫째, 가장 큰 장애물은 국방부의 관료주의와 규제의 장벽이었다. 국방부는 미국 정부 내에서도 가장 복잡하고 경직된 의사결정 구조를 가진 기관 중 하나로 평가된다. 이로 인해 민간에서 빠르게 채택할 수 있는 혁신 기술도 국방부 내에서는 느린 승인 절차와 복잡한 규제 때문에 적용이 어려웠다. 슈밋은 실리콘밸리에서의 신속한 혁신 경험을 바탕으로 국방부의 속도와 효율성을 높이려 했지만, 관료적 구조가 이 계획을 좌절시켰다.

둘째, 조직 문화의 차이도 큰 문제였다. 실리콘밸리의 기업들은 혁신과 변화를 추구하며 빠르게 움직이지만, 국방부는 오랜 전통과 안정성을 중시하는 보수적인 문화가 강하다. 이러한 문화적 충돌은 슈밋의 제안이 국방부 내에서 효과적으로 받아들여지지 않는 원인이 되었다. 특히 군사 분야에서의 혁신은 보안과 안정성이 필수적이기 때문에, 민간의 기술 도입이 더딜 수밖에 없었다.

셋째, 윤리적 문제와 사회적 반발도 실패의 중요한 요인 중 하나였다. 프로젝트 메이븐은 AI 기술이 군사적으로 사용될 때 발생할 수 있는 윤리적 문제를 보여주는 대표적인 사례이다. 이 프로젝트는 구글 직원들 사이에서 강한 반발을 불러일으켰고, AI 기술의 군사적 사용이 인명 피해를 초래할 수 있다는 점에서 큰 논란이 되었다. 이는 민간 기술기업과 국방부 간의 협력이 윤리적 문제로 인해 쉽게 무너질 수 있음을 보여준다.

넷째, 정치적 압력과 이해관계의 충돌도 중요한 실패 원인이었다. JEDI 프로젝트는 아마존과 마이크로소프트 간의 치열한 경쟁과 정치적 개입으로 인해 큰 논란에 휩싸였으며, 결국 소송과 정치적 압박으로 인해 중단되었다. 이는 기술 도입 과정에서 정치적 이해관계가 혁신의 속도를 늦추고, 심지어는 프로젝트의 실패로 이어질 수 있음을 시사한다.

에릭 슈밋의 국방 혁신 실패 사례는 정부 기관에서의 혁신이 얼마나 어려운지를 보여주는 대표적인 사례이다. 특히 국방부와 같은 대규모의 정부 조직은 관료적 구조, 문화적 차이, 윤리적 문제, 그리고 정치적 압력과 같은 다양한 장애물을 가지고 있다. 따라서 민간 기술의 신속한 도입과 혁신을 위해서는 단계적인 접근과 규제 완화, 그리고 윤리적 기준의 명확화가 필수적이다. 또한, 민간과 정부 간의 협력을 강화하고 이해관계의 차이를 줄이는 소통이 중요하다. 이와 함께 기술 도입의 속도를 조절하고 시범 사업을 통해 점진적인 변화를 추구하는 것이 필요하다.

이처럼 에릭 슈밋의 국방 혁신 사례는 정부 조직에서의 기술 혁신이 얼마나 복잡한 과정인지, 그리고 이를 극복하기 위해서는 굉장히 많은 노력이 필요함을 잘 보여주는 사례이다.

일론 머스크의 정부 개혁 방향

일론 머스크가 2025년부터 미국 정부의 DOGE 수장으로 활동하게 되면, 그의 독특한 경영 철학과 혁신적인 접근 방식이 정부 운영 방식에 큰 변화를 가져올 가능성이 높다. 일론 머스크는 이미 민간 기업에서 혁신을 통해 성공적인 사례를 만들어 왔기 때문에, 그의 새로운 역할은 기존의 관료제와 정체된 절차들을 혁신적으로 개선할 기회를 제공할 것이다.

우선, 일론 머스크는 기술 기반의 효율성을 우선시할 가능성이 크다. 그는 민간 우주 산업에서의 성공 경험을 바탕으로 정부 내 불필요한 절차와 규제들을 자동화하고 디지털화하는 데 주력할 것이다. 이를 통해 각 부서 간의 소통을 개선하고, 중복 업무를 줄이며, 빠른 의사결정을 가능하게 할 것이다. 특히 블록체인과 AI 기술을 활용해 정부의 재정 관리 시스템을 투명하게 개편하고, 공공 예산의 낭비를 줄이려는 시도를 할 수도 있다. 예를 들어, 온라인을 통해 공공 프로젝트의 예산 지출을 실시간으로 모니터링할 수 있는 시스템을 도입함으로써, 시민들의 감시 기능을 높여서 자금이 잘못 사용되는 경우를 신속히 파악하고 교정할 수 있도록 할 것이다.

일론 머스크는 또한, 정부의 관료주의를 혁신하기 위해 '제로 베이스 접근법Zero-Based Approach'을 도입할 가능성이 있다. 이는 정부의 기존 업무 방식을 백지상태에서 재검토하고, 반드시 필요한 절차와 프로그램만 유지하며 나머지는 폐지하거나 간소화하는 방식이다. 그는 테슬라와 스페이스X에서 이 방식을 통해 대규모 프로젝트를 신속하게 추진했던 경험이 있기 때문에, 정부 부처에서도 이와 같은 방식을 적용하여 불필요한 자원 낭비를 줄이고, 인력 운용과 예산의 효율성을 극대화할 수 있을 것이다.

또한, 머스크는 인재 채용 방식을 혁신할 것이다. 정부 부처는 전통적으로 고위 공무원 제도와 복잡한 채용 절차로 인해 능력 있는 인재를 채용하는 데 어려움을 겪고 있다. 일론 머스크는 실리콘밸리 스타일의 채용 방식을 도입해, 성과 중심의 채용과 보상 체계를 마련할 가능성이 크다. 특히 기술 전문가, 데이터 과학자, AI 전문가 등을 적극 채용해 정부 부처의 기술적 역량을 강화하고, 데이터를 기반으로 한 정책 결정을 촉진할 것이다.

또한, 정부의 혁신 프로젝트를 위해 '민간-공공 협력Public-Private Partnership'을 강화할 것이다. 그는 테슬라, 스페이스X, 그리고 보링 컴퍼니Boring Company와 같은 회사들과의 협력을 통해 대형 인프라 프로젝트를 성공적으로 추진한 경험이 있다. 보링 컴퍼니는 교통 혼잡 문제를 해결하기 위해 지하 터널을 활용한 초고속 수송 시스템인 하이퍼루프Hyperloop 및 도시 내 터널 네트워크를 개발하는 혁신적인 인프라 기업으로, 일론 머스크가 2016년 설립했다.

이러한 경험을 바탕으로 일론 머스크는 정부 프로젝트에 민간 기업의 자본과 기술을 적극 활용해 혁신적인 해결책을 제시할 것이다. 예를 들어, 교통 인프라 개선 프로젝트에서는 보링 컴퍼니의 지하 터널 기술을 활용할 수 있고, 재생 에너지 프로젝트에서는 테슬라의 에너지 저장 시스템을 도입할 가능성을 생각해 볼 수 있다.

또한, 일론 머스크는 정부의 의사 결정 과정에서 빠른 실험과 피드백 루프를 강조할 것이다. 이는 애자일agile 방법론을 정부 운영에 도입하는 것을 의미할 수 있다. 애자일 방법론은 소프트웨어 개발 및 프로젝트 관리를 위한 접근 방식으로, 짧은 개발 주기와 지속적인 피드백을 통해 신속하고 유연하게 변화에 대응하는 것을 목표로 하는 접근법을 의미한다.

일론 머스크는 테슬라와 스페이스X에서 빠르게 실패하고, 이를 통해 개선점을 찾아내는 애자일 방법론 문화를 정착시켰다. 이와 비슷하게, 정부에서도 새로운 정책이나 프로그램을 시범적으로 운영하고, 데이터를 바탕으로 신속하게 수정해 나가는 방식을 도입할 것이다. 이를 통해 일론 머스크는 전통적인 관료제의 느린 절차를 극복하고, 문제 해결 속도를 크게 높일 것이다.

마지막으로, 일론 머스크는 미래지향적인 정책을 추진할 것이다. 그는 지속 가능한 에너지, 우주 개발, 그리고 미래 교통수단에 대한 강한 관심을 가지고 있기 때문에, 정부의 주요 프로젝트 역시 이러한 분야에 집중될 가능성이 크다. 특히, 기후 변화 대응과 관련하여 일론 머스크는 테슬라의 재생 에너지 기술을 활용한 대규모 녹색 에너지 프로젝트를 추진할 수 있다. 또한, 우주 개발 부문에서는 민간 우주 탐사와 정부의 협력을 통해 더 큰 목표를 달성할 수 있는 정책을 제안할 가능성이 있다.

민주주의적 견제와 균형의 위기

의회의 무력화 가능성

일론 머스크가 DOGE의 수장으로 취임하고 의회가 공화당의 과반 지지를 받는 상황에서, 정부 혁신이 의회 기능을 무력화할 가능성이 있다. 특히 예산 통제권의 약화, 정부 감독 기능의 상실, 그리고 로비 시스템의 변화와 AI 기반 정책 결정의 블랙박스화가 핵심적인 우려 사항이 될 것이다.

먼저, 예산 통제권 약화와 정부 감독 기능의 상실 가능성을 살펴보자. 공화당이 상·하원 모두 과반을 차지한 상황에서, 일론 머스크는 그의 혁신적인 접근 방식을 통해 의회의 예산 심의 과정을 우회하려 할 가능성이 크다.

일론 머스크는 민간 부문에서 이미 자율성과 빠른 의사결정을 중요시해 왔고, 정부 내에서도 이러한 방식을 적용하려 할 것이다. 특히 자동화 시스템을 활용해 예산 집행을 투명화한다는 명목하에, 정부 예산안의 구성과 예산 심사 과정을 간소화하거나 일부 생략하는 방안을 추진할 수도 있다. 이는 표면적으로는 효율성 증대라는 긍정적인 효과를 내세울 수 있다. 하지만, 정부 예산안에 대해 의회 상원과 하원 모두 공화당에 우호적으로 돌아서서 거수기 역할만을 하게 된다면, 궁극적으로는 의회의 예산 통제력을 약화시키고, 정부가 독단적인 예산 집행을 할 수 있는 환경을 조성할 위험이 있다.

또한, 일론 머스크는 AI 기반 정책 결정 시스템을 통해 정부 정책의 투명성을 저해할 가능성이 있다. 그는 테슬라와 스페이스X에서 이미 AI와 빅데이터를 활용해 의사결정을 최적화해 왔다. 이를 정부에도 도입할 경우, AI 모델이 정책의 주요 결정 요소로 작용할 가능성이 높다.

그러나 AI 모델의 특성상, 의사결정의 과정을 일반 대중이나 의회가 이해하기 어려운 '블랙박스' 상태로 만들 수 있다. 정책 결정의 세부 사항이 명확하게 공개되지 않으면, 의회는 정책 검토와 감독 기능을 충분히 수행할 수 없게 된다. 특히 AI 모델이 활용하는 데이터와 알고리즘의 비공개가 유지된다면, 의회는 정책의 근거를 파악하지 못해, 실질적인 검토와 조정을 할 수 없는 상태에 놓일 수 있다. 이는 의회의 견제와 균형 기능을 심각하게 약화시킬 가능성이 있다.

로비 시스템의 변화도 중요한 요소이다. 일론 머스크는 기업가로서 로비 활동에 적극적인 인물로, 테슬라의 로비 비용은 꾸준히 증가해 왔다. 이는 그가 정부의 규제와 정책에 강한 영향을 미치고자 하는 의지를 보여준다. 일론 머스크는 DOGE에서도 기존의 로비 시스템을 재편할 가능성이 있다. 특히 민간 기업과의 협력을 강화하고, 민간 기술을 활용한 혁신 프로젝트를 주도하면서, 주요 기업들의 이해관계를 반영한 정책을 우선시할 가능성이 있다. 이는 대기업의 이익이 정부 정책에 과도하게 반영될 수 있으며, 기존의 의회 로비 시스템과는 다른 형태의 비공식적 로비 네트워크가 형성될 위험이 있다.

즉, 일론 머스크는 그의 영향력을 활용해 기존의 로비스트들과 새로운 이해관계자들 간의 구조를 재편하고, 이를 통해 의회가 정책 결정 과정에서 거수기로 전락할 수 있는 위험이 존재한다.

사법부에 대한 도전

일론 머스크가 정부 효율성을 개선하기 위해 AI 및 첨단 기술 기반의 혁신적인 정책을 추진할 경우, 사법부는 다양한 법적 도전에 직면하게 될 것이다. 특히 알고리즘 책임성 문제, 헌법적 한계 검토, 기술과 법률의 간극, 그리고 새로운 판례법의 필요성이 주요 쟁점이 될 것이다. 일론 머스크의 강력한 리더십과 혁신적 접근 방식은 일종의 '리바이어던Leviathan(성경에서 언급된 거대한 바다 괴물)'처럼 보일 수 있으며, 전통적인 법치 시스템 안에서 그를 통제하고 규제하는 것은 쉽지 않을 것이다.

우선, 알고리즘 책임성 문제가 핵심적인 논쟁거리로 떠오를 가능성이 크다. 일론 머스크가 AI와 빅데이터 기반의 정책 결정 시스템을 도입할 경우, 정책의 주요 결정 과정이 알고리즘에 의해 이루어질 수 있다. 이 경우, 의사결정 과정에서 발생하는 오류나 차별적 결과에 대해 누가 책임을 져야 하는지에 대한 법적 문제가 발생할 것이다.

예를 들어, 공공 서비스에서 AI 시스템이 특정 인구 집단에 불리한 결정을 내린다면, 이를 누가 책임지고 수정할 것인가? 현재 법률 체계는 알고리즘의 의사결정 책임 소재를 명확히 규정하지 못하고 있으며, 이는 사법부가 새로운 법적 기준을 마련해야 할 필요성을 제기한다. 사법부는 알고리즘의 투명성과 공정성 문제를 다루기 위해, 알고리즘 감사 및 규제에 관한 새로운 판례를 마련할 필요가 있을 것이다.

헌법 권리와의 충돌도 중요한 이슈가 될 것이다. 일론 머스크의 기술 중심 정책은 기존의 헌법적 원칙과 충돌할 가능성이 있다. 예를 들어, 정부의 AI 시스템이 시민들의 데이터를 수집하고 분석하여 정책을 설계하는 과정에서, 개인의 프라이버시 권리와 관련된 헌법적 논란이 발생할 수 있다. 특히, 시민의 동의 없이 대규모 데이터 수집이 이루어진다면 이는 헌법이 보장하는 '사생활 보호권'과 충돌할 수 있다. 또한, AI 시스템이 차별적 의사결정을 내릴 경우, 헌법의 평등 보호 조항과의 충돌 가능성도 존재한다. 이러한 문제는 사법부가 헌법 해석의 새로운 기준을 마련하고, AI 기반 정책의 헌법적 한계를 명확히 규정해야 할 필요성을 제기한다.

또한, 기술과 법률 간의 간극 문제도 큰 도전이 될 것이다. 기술 발전 속도가 법률 체계의 변화 속도를 크게 앞지르고 있는 상황에서, 사법부는 기술적 이해 부족으로 인해 새로운 정책과 혁신을 평가하는 데 어려움을 겪을 수 있다. 일론 머스크는 AI, 자율주행, 우주 개발 등 다양한 첨단 기술 분야에서 선도적인 역할을 해왔으며, 그의 정책 제안은 기존의 법률적 틀을 뛰어넘는 경우가 많을 것이다.

예를 들어, 자율주행 기술이나 AI 정책이 법률적 규제를 초월해 시행된다면, 사법부는 이를 규제할 근거가 부족할 수 있다. 이는 기술과 법률 간의 '공백gap'을 메우기 위한 법률 개정이나 새로운 입법 활동을 필요로 하게 만들 것이다.

마지막으로, 새로운 판례법의 필요성이 제기될 것이다. 일론 머스크가 주도하는 혁신 정책은 전통적인 법률 해석만으로는 다루기 어려운 사례를 대거 양산할 가능성이 있다. 예를 들어, 정부가 AI를 활용한 정책 의사결정을 통해 효율성을 높이는 과정에서, 공공의 이익과 개인의 권리가 충돌하는 새로운 유형의 법적 분쟁이 발생할 수 있다. 이러한 문제를 해결하기 위해 사법부는 기존의 판례를 넘어선 새로운 법적 기준을 제시해야 할 필요가 있다. 이는 기술 발전과 사회 변화에 맞춰 법치주의의 원칙을 새롭게 정의하고, AI 및 데이터 기반 정책의 법적 기준을 정립하는 작업이 될 것이다.

그러나 일론 머스크의 독단적인 리더십과 강력한 영향력은 사법부의 이러한 노력을 어렵게 만들 수 있다. 그는 전통적인 규제와 절차를 뛰어넘는 경향이 있으며, 테슬라나 스페이스X에서도 기존 법률 체계를 우회하거나 재해석하는 방식으로 혁신을 추구해 왔다. 이러한 배경을 고려할 때, 일론 머스크라는 '리바이어던'을 법치 영역 안에 가두는 것은 상당히 어려운 과제가 될 것이다.

사법부는 일론 머스크의 정책과 혁신을 제어하기 위해, 기술적 이해와 법적 해석력을 강화하고, 적극적인 새로운 법적 기준을 제시할 필요가 있다. 이는 전통적인 사법부의 역할을 뛰어넘어, 법과 기술의 균형을 맞추는 새로운 형태의 사법적 대응이 요구되는 상황을 만들 것이다.

시민사회의 대응은?

일론 머스크가 정부의 혁신을 주도하는 상황에서, 시민사회는 그의 급진적인 변화와 독단적인 정책 추진 방식에 대해 우려를 표할 가능성이 크다. 그러나 시민사회의 대응은 여러 가지 한계와 어려움에 직면할 것이다. 특히, NGO의 감시활동 한계, 언론의 정보 접근성 문제, 공익 소송의 어려움, 그리고 디지털 시민권의 위기가 주요 쟁점으로 부각될 수 있다.

먼저, NGO의 감시활동 한계가 드러날 것이다. NGO들은 일반적으로 정부 정책과 대기업의 활동을 감시하며, 공익을 위해 부정행위나 권력 남용을 폭로하는 역할을 한다. 그러나 일론 머스크가 주도하는 정부 혁신은 기술을 기반으로 한 자동화, AI 의사결정 시스템, 그리고 블록체인 등의 첨단 기술을 적극적으로 활용할 가능성이 높다. 그리고 이는 NGO들이 전통적인 방식으로 정부를 감시하기 어렵게 만들 수 있다. AI 시스템이 정책 결정을 내리는 과정에서 알고리즘이 어떻게 작동하는지, 어떤 데이터가 사용되는지에 대한 정보가 공개되지 않을 경우, NGO들은 정책의 투명성을 평가할 방법이 제한적일 수밖에 없다. 더불어, 일론 머스크의 영향력 아래 민관 협력 프로젝트가 확대될 경우, 이러한 프로젝트의 비밀 유지 계약NDA 등이 NGO들의 감시 활동을 더욱 어렵게 만들 수 있다.

언론의 정보 접근성 문제도 중요한 도전 과제가 될 것이다. 언론은 공공의 알 권리를 보호하고 정부의 잘못을 폭로하는 데 중요한 역할을 하지만, 일론 머스크의 스타일은 언론의 접근성을 제한할 가능성이 있다. 일론 머스크는 과거에도 언론과의 갈등을 자주 보여왔으며, 비판적인 보도에 대해 강하게 반발하거나 언론의 신뢰성을 문제 삼은 사례가 많다. 또한, 일론 머스크는 테슬라와 스페이스X에서 사내 정보의 비공개 정책을 엄격하게 유지해 왔기 때문에, 정부에서도 비슷한 접근 방식을 취할 가능성이 크다. 특히, AI 기반 정책 결정 시스템이 도입되면, 정책 결정 과정이 복잡한 알고리즘에 의존하게 되어 언론이 정책의 배경과 근거를 파악하기 어려워질 수 있다. 이는 언론의 정보 접근성을 제한하고, 공공의 이해를 돕기 위한 깊이 있는 보도를 어렵게 만들 것이다.

공익 소송의 어려움 역시 시민사회의 중요한 문제로 나타날 것이다. 일론 머스크가 주도하는 정부 혁신은 새로운 정책과 기술적 변화를 포함할 가능성이 높으며, 이 과정에서 시민의 권리가 침해될 수 있다. 예를 들어, AI 시스템이 개인정보를 수집하고 분석하는 과정에서 시민의 프라이버시 권리가 침해되거나, 알고리즘의 차별적인 의사결정이 특정 집단에게 불리하게 작용할 수 있다. 이러한 상황에서는 공익 소송이 제기될 수 있지만, 법적 대응이 쉽지 않을 것이다.

이는 두 가지 이유 때문이다. 첫째, AI와 데이터 기반 정책의 복잡성으로 인해, 피해 사실을 입증하고 정책의 문제점을 밝히는 데 어려움이 있다. 둘째, 일론 머스크의 강력한 로비력과 법적 자원은 공익 소송의 진행을 어렵게 만들 수 있다. 일론 머스크는 이미 민간 부문에서 법적 분쟁에 능숙하게 대처해 왔으며, 정부에서도 비슷한 방식으로 대응할 가능성이 있다. 이는 공익 소송이 진행되더라도 장기화되거나 승소 가능성이 낮아질 위험이 있다.

마지막으로, 디지털 시민권의 위기가 심화될 수 있다. 일론 머스크의 혁신적 정책은 디지털 기술을 적극 활용할 가능성이 높기 때문에, 디지털 기술에 대한 접근성과 권리 문제가 새로운 논쟁의 중심이 될 것이다. 예를 들어, AI와 데이터 분석이 정책 결정에 중요한 역할을 할 경우, 데이터에 대한 접근 권한과 디지털 문해력digital literacy이 충분하지 않은 시민들은 정책 결정 과정에서 소외될 수 있다. 또한, 디지털 시스템의 복잡성으로 인해 일반 시민들이 이해하고 참여하기 어려운 상황이 발생할 수 있다. 이는 디지털 격차를 더욱 심화시킬 수 있으며, 정보에 접근할 수 있는 소수의 기술 전문가와 그렇지 않은 다수의 시민 간의 권리 격차가 발생할 가능성이 있다.

내가 사업을
시작한 이유는
문제를 해결하기
위해서였다.
The reason I started a business
was to solve problems.
- 2012년, TED 인터뷰에서 자신의 기업가 정신과
문제 해결에 대한 접근 방식을 설명하며

ELON

6장

위대한 혁명가 vs 충동적인 빌런

MUSK

ELON
MUSK

양면성을 가진 복잡한 인물

일론 머스크 철학의 세 가지 핵심 개념

일론 머스크의 사상과 철학은 단순한 기업가 정신을 넘어, 인류의 미래와 생존에 대한 깊은 통찰과 비전을 반영한 것이다. 일론 머스크는 현대 사회에서 기술 혁신을 선도하는 대표적인 인물로 자리 잡고 있으며, 그의 철학은 크게 세 가지 핵심 개념으로 요약될 수 있다. 첫째는 인류의 지속 가능성에 대한 문제 해결, 둘째는 인류의 다행성 종으로의 진화를 추구하는 것, 마지막으로는 기술 발전을 통해 인간의 자유를 확장시키려는 강력한 신념을 가진 것이다.

먼저, 일론 머스크는 인류의 지속 가능성을 보장하기 위해 지구 환경과 에너지 문제 해결에 집중하고 있다. 그는 지구의 기후 변화와 에너지 문제를 해결하기 위해서는 지속 가능한 에너지 자원으로의 전환이 필수적이라는 강한 신념을 가지고 있다. 이는 테슬라와 솔라시티와 같은 기업 활동에서 잘 드러난다. 테슬라는 전기차를 통해 화석 연료 의존도를 줄이고, 전 세계적으로 청정 에너지 사용을 촉진하려는 목표를 가지고 있다. 이는 일론 머스크가 미래에 대한 장기적인 비전을 바탕으로, 지구 환경의 위기를 해결하고자 하는 그의 철학에서 비롯된 것이다.

일론 머스크는 단순히 전기차의 성공만으로 만족하지 않고, 태양광 발전과 에너지 저장 솔루션을 통해 완전한 에너지 생태계를 구축하고자 한다. 그는 "태양은 지구가 필요로 하는 모든 에너지를 제공할 수 있다"는 확고한 신념을 가지고 있으며, 이를 실현하기 위해 대규모의 태양광 발전 시스템과 효율적인 에너지 저장 배터리를 개발하고 있다. 이러한 노력은 일론 머스크가 에너지 문제를 근본적으로 해결하고, 인류가 지속 가능한 방식으로 살아갈 수 있는 기반을 마련하려는 철학에서 기인한다.

두 번째로, 일론 머스크는 인류가 지구에만 의존해서는 생존할 수 없다고 믿으며, 인류의 장기적인 생존 가능성을 높이기 위해서는 다행성 종으로 진화해야 한다는 생각을 가지고 있다. 그는 인류가 직면할 수 있는 다양한 존재론적 위협, 예를 들어 대규모 자연재해, 핵전쟁, AI의 폭주와 같은 문제들로부터 인류를 보호하기 위해 지구 외부의 거주 가능성을 탐색해야 한다고 주장한다. 일론 머스크는 스페이스X를 통해 이러한 목표를 실현하고자 하며, 특히 화성을 인류의 제2의 거주지로 만들기 위한 계획을 세우고 있다. 그는 "화성을 식민지화하지 않으면 인류의 미래는 불확실하다"는 발언을 통해, 지구를 벗어난 인류의 생존 가능성을 보장하는 것이 필수적이라는 철학을 나타내고 있다.

일론 머스크는 저비용 우주 운송 수단의 개발을 통해 화성 이주 계획의 현실화를 목표로 하고 있으며, 이를 위해 재사용 가능한 로켓 기술을 도입하였다. 재사용 가능한 로켓은 기존의 우주 산업에서 발생하는 엄청난 비용 문제를 해결하고, 우주 탐험의 상용화와 대중화를 가능하게 하는 핵심 요소로 자리 잡고 있다. 일론 머스크의 철학은 단순히 우주 탐험에 그치는 것이 아니라, 인류의 생존을 위한 전략적인 계획의 일환으로 이해할 수 있다.

세 번째로, 일론 머스크는 기술 발전이 인간의 삶을 보다 자유롭고 풍요롭게 만들 수 있다는 강력한 신념을 가지고 있다. 그는 신기술의 발전이 기존의 규제나 관행에 얽매이지 않고, 혁신적인 접근 방식을 통해 인간의 가능성을 확장할 수 있다고 믿는다. 이러한 철학은 뉴럴링크와 같은 프로젝트에서도 나타난다. 뉴럴링크는 인간의 뇌와 컴퓨터를 연결하는 기술을 활용하여 궁극적으로 인간 지능의 확장을 목표로 하고 있다. 일론 머스크는 AI가 인간의 통제 범위를 벗어날 가능성에 대해 경고하며, 이를 해결하기 위해 인간과 AI 간의 공생 관계를 형성해야 한다고 주장한다. 그는 "우리가 AI를 통제할 수 없다면, 적어도 우리가 AI의 일부가 되어야 한다"는 신념을 가지고 있으며, 이를 실현하기 위해 인간의 인지 능력을 증대시키고, AI와의 통합을 통해 인간의 능력을 극대화할 수 있는 방법을 탐구하고 있다. 이처럼 일론 머스크는 기술 발전이 단순한 도구 이상의 의미를 가지며, 인간의 삶을 근본적으로 변화시키고 개선할 수 있는 잠재력을 가지고 있다고 믿고 있다.

또한, 일론 머스크의 문제 해결 방식에서 중요한 철학은 '첫 원칙 사고First Principles Thinking'이다. 이는 기존의 상식이나 관행을 따르지 않고, 문제의 근본 원인을 분석하여 최적의 해결책을 찾는 방법론이다. 그는 "사람들은 일반적으로 유추적 사고를 한다. 그러나 나는 첫 원칙에서 출발하여 생각하는 편이다"라고 설명한 바 있다. 일론 머스크는 이 원칙을 통해 기존의 복잡한 문제들을 새로운 시각에서 접근하며, 혁신적인 해결 방안을 제시할 수 있었다. 예를 들어, 테슬라의 배터리 개발 과정에서 그는 기존의 리튬이온 배터리의 가격 문제를 해결하기 위해 재료의 근본 원가를 분석하고, 이를 토대로 새로운 제조 방식을 설계했다. 또한 스페이스X의 로켓 개발에서도, 기존 우주 산업의 비용 구조를 혁신적으로 줄이기 위해 재사용 가능한 로켓 설계라는 과감한 결단을 내렸다. 이러한 접근은 기존의 틀에서 벗어나, 새로운 사고방식으로 문제를 해결하고자 하는 일론 머스크의 철학을 잘 보여준다.

마지막으로, 일론 머스크는 기술과 인류의 미래에 대해 낙관적이면서도 비판적인 시각을 동시에 가지고 있다. 그는 기술 발전이 인류를 구원할 수 있다고 믿으면서도, 그 기술이 잘못 사용될 경우 심각한 위협이 될 수 있음을 경고하고 있다. 이 때문에 그는 AI 안전성, 환경 보호, 인간의 권리에 대한 문제에 대해 적극적으로 목소리를 내고 있으며, 기업 운영에서도 이러한 철학을 실천하고자 노력하고 있다. 일론 머스크는 그의 모든 사업과 혁신 활동이 단순한 이윤 추구를 넘어, 인류의 장기적인 생존과 번영을 목표로 하고 있음을 강조하며, 이는 그가 단순한 기업가를 넘어 혁명가로 평가받는 이유이기도 하다.

일론 머스크의 미래 비전

일론 머스크가 꿈꾸는 미래는 기술 혁신을 통해 인류의 한계를 넘어서고, 지속 가능한 에너지와 우주 개척을 통해 인류의 생존 가능성을 극대화하는 비전을 중심으로 한다. 그의 비전은 단순히 기업의 성공이나 혁신적인 제품 개발을 넘어, 인류의 장기적인 생존과 발전을 위한 광범위한 목표를 포함하고 있다. 이는 테슬라, 스페이스X, 뉴럴링크, 보링 컴퍼니, 솔라시티 등 그가 창업하고 이끌어 온 다양한 기업 활동에서 구체화되었다. 일론 머스크의 미래 비전은 크게 AI의 통합과 통제, 교통 혁신, 그리고 인간의 능력 확장이라는 세 가지 핵심 주제로 나누어 설명할 수 있다.

첫째, 일론 머스크는 AI와 인간의 통합 및 통제에 대한 강한 관심을 가지고 있다. 그는 AI의 발전이 인류에게 엄청난 기회를 제공할 수 있지만, 동시에 통제되지 않을 경우 심각한 위협이 될 수 있다고 경고한다. 이를 해결하기 위해 일론 머스크는 뉴럴링크 프로젝트를 통해 인간의 뇌와 컴퓨터를 연결하는 기술을 개발하고 있다. 뉴럴링크는 인간이 AI와 직접 상호작용할 수 있는 뇌-컴퓨터 인터페이스를 제공함으로써, AI의 통제권을 유지하고 인간의 인지 능력을 확장하는 것을 목표로 한다. 일론 머스크는 "AI가 인간의 통제 범위를 벗어난다면, 우리가 AI의 일부가 되는 것이 최선의 방어책일 수 있다"고 주장하며, 인간과 AI의 공생 관계를 통해 AI의 잠재적 위협을 완화하고자 한다. 이는 일론 머스크의 철학이 단순히 기술 발전에 대한 찬사만이 아니라, 그 기술이 가져올 위험에 대해 신중하게 고려하는 접근을 포함하고 있음을 보여준다.

둘째, 일론 머스크는 교통 혁신을 통해 인간의 삶을 근본적으로 변화시키는 비전을 가지고 있다. 그는 전통적인 교통수단의 비효율성과 혼잡 문제를 해결하기 위해 테슬라의 전기차와 자율주행 기술 개발뿐만 아니라, 보링 컴퍼니를 통해 새로운 교통 인프라를 설계하고 있다. 보링 컴퍼니의 하이퍼루프 프로젝트는 진공 튜브 내에서 고속으로 이동하는 시스템으로, 기존의 교통수단보다 훨씬 빠르고 에너지 효율적인 이동을 가능하게 할 것으로 기대된다. 일론 머스크는 이러한 교통 혁신이 도시의 혼잡을 줄이고, 사람들에게 더 많은 시간을 돌려줄 수 있다고 믿고 있으며, 이는 그가 꿈꾸는 미래의 중요한 일환이다. 그는 "시간은 인간이 가진 가장 소중한 자원이며, 교통 혁신을 통해 사람들이 더 많은 시간을 가지 있게 사용할 수 있도록 돕는 것이 목표"라고 설명한다.

마지막으로, 일론 머스크는 인간의 능력 확장이라는 비전을 가지고 있다. 그는 인간이 기술의 도움으로 신체적, 인지적 한계를 넘어설 수 있다고 믿으며, 이를 위해 다양한 프로젝트를 추진하고 있다. 예를 들어, 뉴럴링크는 단순히 인간의 인지 능력을 확장하는 것에 그치지 않고, 신경학적 질환 치료에도 기여할 수 있는 잠재력을 가지고 있다. 또한, 테슬라의 자율주행 기술은 인간의 운전 오류를 줄이고, 더 안전한 교통 환경을 제공할 수 있는 혁신적인 기술로 평가받고 있다. 일론 머스크는 기술이 단순한 도구가 아니라, 인간의 가능성을 극대화하고, 더 나은 삶을 만드는 핵심적인 요소라고 믿고 있다. 그는 "기술은 우리가 현재의 한계를 뛰어넘어, 더 큰 목표를 추구할 수 있도록 돕는 수단"이라고 말하며, 이를 통해 인류가 보다 풍요롭고 의미 있는 미래를 만들어갈 수 있다고 확신한다.

두 갈래의 길

일론 머스크는 현대 기술 혁신의 선두 주자로서, 그의 사상과 행보는 두 가지 상반된 평가를 낳고 있다. 그는 인류의 미래를 꿈꾸는 위대한 혁명가로 묘사되기도 하고, 동시에 예측 불가능하고 종종 위험한 결정을 내리는 충동적인 빌런으로 묘사되기도 한다. 일론 머스크는 비전과 혁신을 통해 다양한 산업에 혁명을 일으켰지만, 그의 독특한 경영 스타일과 개인적인 행동은 논란의 중심이 되곤 한다. 위대한 혁명가 혹은 충동적인 빌런. 이러한 두 갈래 길의 대조적인 이미지 속에서, 일론 머스크의 인물상은 단순한 천재 기업가를 넘어서 현대의 영웅과 악당의 복합적인 모습을 모두 가진 인물로 해석될 수 있다.

먼저, 일론 머스크는 위대한 혁명가로서의 면모를 보여준다. 그는 지속 가능한 에너지, 우주 개척, AI 통합 등 인류의 미래를 변화시키는 거대한 비전을 가지고 있으며, 이를 실현하기 위해 혁신적인 기술과 과감한 전략을 추진하고 있다. 테슬라는 전기차 시장을 개척하며, 화석 연료 의존도를 줄이고 청정 에너지를 통한 지속 가능한 미래를 목표로 삼고 있다. 스페이스X는 우주 산업의 패러다임을 바꾸며, 인류의 화성 이주를 현실로 만들기 위한 로켓 재사용 기술을 개발하였다. 이러한 활동은 일론 머스크가 단순히 이윤을 추구하는 기업가가 아니라, 인류의 장기적 생존과 번영을 위해 혁신을 추구하는 현대의 프로메테우스와 같은 역할을 수행하고 있음을 보여준다.

일론 머스크의 철학은 단순히 제품이나 기술 개발을 넘어선다. 그는 '첫 원칙 사고'를 통해 문제의 근본적인 본질을 분석하고, 기존의 상식에 얽매이지 않는 새로운 해결책을 제시한다. 이는 테슬라의 배터리 비용 절감 전략이나, 스페이스X의 로켓 비용 혁신에서 잘 드러난다. 그는 단순히 현재의 기술로 만족하지 않고, 항상 미래의 가능성에 집중하며, 현실적인 제약을 극복하기 위해 독창적이고 과감한 결단을 내린다. 이로 인해 그는 수많은 혁신가들의 롤모델이 되었고, 현대 기술의 혁명적 아이콘으로 자리매김하였다.

그러나, 반면에 일론 머스크는 충동적인 빌런의 모습을 보이기도 한다. 그의 돌발적인 발언과 행동들은 종종 대중의 경악과 비판을 불러일으켰으며, 이는 그의 기업 주가와 평판에 부정적인 영향을 미치기도 했다. 예를 들어, 일론 머스크는 트위터 인수를 통해 소셜미디어의 운영 방식을 뒤엎었으며, 그 과정에서 수많은 논란을 야기했다. 그의 트위터 사용은 단순한 커뮤니케이션을 넘어, 예측할 수 없는 발언과 충돌적인 의견 제시로 인해 시장의 변동성을 초래하기도 했다. “테슬라의 주식 가격이 너무 높다”라는 그의 트윗 하나로 테슬라의 주가는 급락했으며, 이는 투자자들 사이에서 큰 혼란을 불러일으켰다.

또한, 그는 종종 규제를 무시하거나 도전하는 경향을 보이며, 공공 정책이나 사회적 규범에 대한 존중보다는 자신의 비전과 목표를 우선시하는 모습을 보였다. 이는 일부 사람들에게 일론 머스크가 자신의 영향력을 오용하며, 사회적 책임을 경시하는 무모한 빌런처럼 보이게 한다.

일론 머스크는 경영 스타일에서 강한 독단적 성향을 보이며, 종종 직원들과의 갈등을 일으키기도 한다. 그는 고강도의 업무와 극단적인 목표 달성을 요구하며, 이를 위해 무리한 일정과 높은 압박을 가하는 것으로 유명하다. ‘생산 지옥production hell’이라는 표현은 그가 테슬라의 생산 문제를 해결하기 위해 극한의 노력을 기울였던 시기를 상징하며, 많은 직원들이 과중한 업무와 스트레스로 어려움을 겪었다. 이러한 독단적인 리더십은 일부에게는 천재적인 기업가의 확고한 결단으로 보일 수 있지만, 다른 이들에게는 직원의 복지와 회사의 지속 가능성을 위협하는 위험한 방식으로 간주될 수 있다.

이러한 양면성은 일론 머스크의 사업 운영에서도 잘 드러난다. 한편으로 그는 놀라운 기술적 진보를 이루어내고, 다른 한편으로는 그의 개인적인 행동과 발언이 사업의 신뢰성을 저해하기도 한다. 예를 들어, 그는 스페이스X의 우주 탐험 비전을 통해 인류의 장기적인 생존 가능성을 넓히려는 노력을 기울이는 동시에, 자발적인 도발적 발언으로 인해 대중의 분노를 사기도 했다. 일론 머스크는 종종 "사람들이 원하지 않는 일을 해야만 혁신이 이루어진다"고 주장하며, 논란을 피하기보다는 직면하려는 태도를 보인다. 이는 그의 팬들에게는 용감한 혁명가의 모습으로 보일 수 있지만, 비판자들에게는 무모하고 충동적인 행동으로 간주된다.

결국, 일론 머스크는 현대 사회에서 영웅과 악당의 경계를 동시에 넘나드는 복잡한 인물이다. 혁신적인 비전과 과감한 결단력은 그를 위대한 혁명가로 만드는 요소이지만, 돌발적인 행동과 비판받는 결정들은 그를 충동적인 빌런으로 보이게 한다. 이 두 가지 모습은 공존할 수 없는 것처럼 보이지만, 사실 일론 머스크의 독특한 성격과 철학의 일면을 반영하고 있다.

그는 인류의 미래를 위한 거대한 꿈을 꾸며, 그 꿈을 실현하기 위해 전통적인 규범과 제약을 뛰어넘는 결단을 내리는 동시에, 자신의 개인적인 성향과 충동적인 행동으로 인해 논란의 중심에 서게 된다. 이러한 이중성은 그를 현대의 혁명가와 빌런 사이에서 흔들리는 파격적인 인물로 만들며, 많은 사람들이 그를 존경하는 동시에 우려하게 만드는 요인이다.

트럼프와 머스크의 관계 지속은?

일론 머스크는 어떤 사람으로 기억될까?

일론 머스크는 21세기를 대표하는 혁신가로 기억될 가능성이 높다. 그는 전기차, 우주 탐사, AI, 뇌-기계 인터페이스 등 다양한 분야에서 인류의 한계를 넘어서고자 하는 비전을 제시하며 현대 사회의 기술적 진보를 이끄는 데 중추적인 역할을 해왔다.

머스크는 단순한 기업가를 넘어 미래학자이자 기술 비전가로 평가받으며, 그가 설립한 테슬라는 전기차를 대중화하여 자동차 산업의 패러다임을 바꾼 선구적인 기업으로 자리 잡았다. 또한, 스페이스X를 통해 우주 산업의 상업화를 이끌고 화성 이주라는 인류의 꿈을 실현 가능성 있는 목표로 제시하며 우주 개발의 새로운 지평을 열었다.

일론 머스크의 영향력은 뉴럴링크와 같은 혁신적인 프로젝트에서도 드러난다. 그는 인간의 뇌와 컴퓨터를 연결하는 신경 인터페이스 기술을 통해 의료, 교육, 그리고 인간의 인지능력 향상에 기여할 수 있는 미래를 그리고 있다. 이 외에도 초고속 교통수단을 개발하는 보링 컴퍼니를 통해 도시의 교통 혼잡 문제를 해결하려는 시도는 그가 해결하고자 하는 문제의 범위와 깊이를 보여준다. 머스크는 기술과 인류의 삶이 긴밀히 연결되어 있다는 믿음을 바탕으로, 자신의 비전을 현실로 만들기 위해 끊임없이 도전하고 있는 인물이다.

그러나 그는 혁신의 아이콘으로 칭송받는 동시에 논란의 중심에서도 자유롭지 못하다. 그의 급진적이고 비전통적인 접근 방식은 많은 이들에게 영감을 주었지만, 때로는 과도한 약속과 실행 속도의 불균형으로 인해 비판을 받기도 하였다. 특히, 트위터 인수 이후 플랫폼 운영 방식과 발언은 대중과 언론의 뜨거운 논쟁을 불러일으켰다. 이러한 논란은 그가 추구하는 목표와 가치가 종종 사회적, 윤리적 관점에서 충분히 검토되지 않았다는 비판으로 이어지기도 하였다.

일론 머스크는 천재와 괴짜, 혁신가와 논란의 인물이라는 양면성을 모두 지닌 독특한 인물이다. 그는 자신의 비전을 실현하기 위해 끊임없이 새로운 길을 모색하고 개척하며, 기존의 질서와 한계를 뛰어넘으려는 도전 정신을 보여주었다. 그의 행동과 성과는 기술과 기업의 경계를 넘어 인류가 미래를 상상하고 현실화하는 방식을 변화시켰다. 머스크는 결국 '미래를 상상하고 그것을 현실로 만드는 것'의 한계를 끊임없이 시험한 인물로 기억될 것이며, 인류의 기술적 진보에 지대한 영향을 미친 혁신가로 역사에 남을 것이다.

정부 개혁의 새로운 실험과 그 미래

도널드 트럼프 대통령이 일론 머스크를 DOGE의 수장으로 임명한 것은 미국 정부 운영 역사에서 새로운 장을 여는 사건으로 평가될 수 있는 사례이다. DOGE라는 부서의 창설과 머스크라는 혁신적인 기업가의 기용은 전통적인 관료주의를 벗어나 민간 부문의 효율성과 창의성을 정부 운영에 접목하려는 시도의 상징적인 결과물이다. DOGE가 목표로 삼고 있는 규제 철폐, 행정 축소, 비용 절감은 단순히 행정의 비효율성을 줄이는 데 그치지 않고, 연방 정부가 운영되는 방식 자체를 구조적으로 개혁하려는 야심 찬 계획이라고 할 수 있다.

DOGE의 등장은 미국 정부가 직면하고 있는 여러 문제들, 즉 과도한 규제와 관료주의, 불필요한 행정적 자원의 낭비를 해결하려는 노력의 일환으로 해석될 수 있다. 머스크가 DOGE를 통해 제안한 개혁 방향은 헌법적 원칙에 기반한 정부 운영의 회복과 정부의 역할을 최소화하면서 개인과 기업이 자유로운 경제활동을 영위할 수 있는 환경을 조성하는 데 초점을 맞추고 있다. 이는 단순히 행정적 효율성을 높이는 데 그치는 것이 아니라, 정부의 운영 방식과 구조를 근본적으로 변화시키고자 하는 대담한 비전이다.

먼저, 규제 철폐는 DOGE의 개혁에서 핵심적인 축을 이룬다. 머스크는 수십 년간 연방 기관이 의회의 권한을 넘어서며 수많은 규칙과 규정을 만들어왔고, 이로 인해 정부의 역할이 확대되었으며 국민과 기업이 불필요한 규제에 얽매이게 되었다고 지적한다. 그는 미국 대법원의 최근 판결인 웨스트버지니아 대 미국 환경보호국EPA 사건과 로퍼 브라이트 대 레이몬도 사건을 DOGE의 개혁 방향의 법적 근거로 삼고 있다. 이 두 판결은 정부 기관이 의회가 명시적으로 허용하지 않은 규정을 제정하거나 시행해서는 안 된다는 점을 강조한다. DOGE는 이를 기반으로 불법적인 연방 규정을 목록화하고 철폐하는 과정을 추진할 것이다. 이를 통해 머스크는 개인과 기업이 의회 승인 없이 만들어진 규제에서 벗어나 경제 활동의 자유를 되찾고, 미국 경제를 활성화할 수 있을 것이라고 주장한다.

두 번째로, 머스크는 행정 축소를 통해 연방 정부의 크기를 대폭 줄이고자 한다. 그는 연방 규정의 대규모 철폐가 행정기관의 인력 구조에도 직접적인 영향을 미쳐야 한다고 보고 있다. DOGE는 각 기관이 헌법적으로 허용된 기능을 수행하기 위해 필요한 최소한의 직원 수를 분석하여, 과잉 인력을 줄이는 데 집중할 것이다. 머스크는 특히 행정기관의 비대화가 불필요한 규제를 지속적으로 생산해 내는 악순환을 초래한다고 판단하며, 이를 근본적으로 차단하기 위해 필요한 인원 감축을 강력히 추진할 것을 강조한다. 그는 기존 연방법이 감원을 금지하지 않는 점을 활용하여 대규모 해고를 진행하거나, 연방 공무원들에게 조기 퇴직 인센티브와 자발적 퇴직금을 제공해 민간 부문으로의 전환을 지원할 계획이다.

마지막으로, 비용 절감은 DOGE의 가장 중요한 실질적 목표 중 하나이다. 머스크는 현재 연방 지출에서 상당 부분이 낭비, 비효율, 그리고 의회 승인 없이 이루어진 항목들로 구성되어 있다고 비판하며, 이를 대대적으로 정리할 필요가 있다고 주장한다. 그는 500억 달러 이상의 연방 지출 중 상당수가 잘못 사용되고 있음을 지적하며, 이를 해결하기 위해 연방 계약과 지출 내역을 면밀히 감사하고 불필요한 비용을 삭감할 계획이다. 특히, 군사 분야와 같은 대규모 예산 항목에서도 투명성을 강화하고 불필요한 지출을 줄임으로써 정부 재정 건전성을 회복하고자 한다. 그리고 이를 통해 납세자들에게 실질적인 혜택을 돌려줄 수 있을 것이라고 믿는다.

머스크는 이러한 DOGE의 개혁 방향이 단순히 규제와 비용을 줄이는 데 그치는 것이 아니라, 헌법적 원칙에 기반한 정부 운영을 회복하고, 국민과 기업이 정부의 간섭 없이 창의성과 생산성을 발휘할 수 있는 환경을 조성하는 데 목적이 있다고 강조한다. 그는 DOGE의 궁극적인 목표가 "더 이상 DOGE가 필요 없는 상태"를 만드는 것이라고 밝히며, 이를 위해 2026년 7월 4일까지 모든 개혁 과제를 완료하겠다는 강력한 의지를 내비쳤다. 머스크의 DOGE 개혁 방향은 행정적 과잉과 관료주의를 근본적으로 해결하고, 미국 정부를 건국의 아버지들이 꿈꿨던 이상에 더 가깝게 만드는 데 중점을 두고 있다.

그러나 이러한 시도는 긍정적인 전망만큼이나 많은 우려와 비판을 동반하고 있다. 법적 제약, 정치적 반대, 사회적 저항은 DOGE의 개혁 방향이 직면한 현실적인 도전 과제이다. 머스크가 제안한 대규모 규제 철폐와 행정 인력 감축은 연방 정부의 기존 구조를 뒤흔드는 시도인 만큼, 이에 따른 법적 소송과 정치적 논쟁은 불가피한 상황이다. 특히, 공무원 노조와 시민 단체의 강력한 반발은 DOGE의 개혁이 현실적으로 실현되기 어려운 요인이 될 가능성이 크다. 이와 더불어, 행정적 투명성과 민주적 절차를 존중해야 하는 정부의 특성상, 민간 기업에서 주로 사용되던 단기적이고 신속한 의사결정 방식이 그대로 적용되기 어려울 것이라는 점도 지적되고 있다.

DOGE의 개혁 방향은 미국 정부의 효율성을 극대화하고 경제적 활력을 회복하려는 대담한 시도인 동시에, 그 실행 가능성과 효과에 대한 회의적인 시각 또한 배제할 수 없는 실험적인 접근법이라고 할 수 있다. 만약 DOGE가 성공적으로 개혁을 이루어낸다면, 이는 미국뿐 아니라 전 세계적으로 정부와 민간 부문 간 협력 모델의 새로운 가능성을 열어주는 사례로 자리매김할 것이다. 반면, DOGE가 실패하게 된다면 이는 정부와 민간 부문이 추구할 수 있는 혁신의 한계를 보여주는 사례로 남게 될 것이다.

DOGE와 같은 시도가 갖는 의미는 단순히 특정 정부 부서의 효율성 제고에 그치지 않는다. 이는 정부가 어떻게 민간 부문의 창의성과 효율성을 활용하여 복잡한 사회적 과제에 대응할 수 있는지에 대한 중요한 실험적 모델이 될 것이다. 이러한 시도는 성공 여부와 상관없이 정부 운영의 한계를 확장하고, 국민과 기업의 창의성과 생산성을 극대화할 수 있는 새로운 방향을 제시하는 데 있어 중요한 역할을 할 것이다. DOGE가 추진하고 있는 개혁의 결과는 아직 알 수 없지만, 이 실험적 시도가 정부의 운영 방식에 새로운 가능성을 제시하며, 미래에 대한 중요한 교훈을 남길 것이라는 점은 분명하다.

트럼프와의 밀월 관계 그리고 지속 가능성

도널드 트럼프 대통령과 일론 머스크는 현대 미국 사회에서 가장 영향력 있는 두 인물로 꼽힌다. 이들의 관계는 정치, 경제, 기술 분야에서의 복잡한 역학 관계를 반영하며, 시대의 흐름에 따라 협력과 갈등을 반복해 왔다. 이번에는 두 사람의 관계 발전 과정을 살펴보고, 그 지속 가능성에 대해 다양한 측면에서 분석해 보고자 한다.

2016년, 트럼프가 제45대 미국 대통령으로 당선된 이후, 일론 머스크는 트럼프의 경제자문위원회에 참여하여 정부와 기업 간의 협력을 모색했다. 당시 머스크는 친환경 에너지와 전기차 산업의 발전을 위해 정부 지원이 필요하다고 판단했으며, 트럼프 역시 경제 활성화와 일자리 창출을 위해 기업인들의 조언을 구하고 있었다.

두 사람은 미국 경제의 성장과 혁신을 추구한다는 공통된 목표를 가지고 있었다. 트럼프는 '미국 우선주의'를 내세우며 제조업 부흥과 인프라 투자를 강조했으며, 머스크는 기술 혁신을 통해 지속 가능한 미래를 만들고자 했다. 이 시기에는 둘 사이 상호 이익에 기반한 협력 관계가 형성되었다.

그러나 2017년, 트럼프 행정부가 파리기후협약 탈퇴를 선언하면서 두 사람의 관계에 금이 가기 시작했다. 머스크는 기후변화의 심각성을 강조하며 지속 가능한 에너지 전환의 필요성을 주장해 왔기 때문에, 트럼프의 결정에 강력히 반대했다. 머스크는 트위터를 통해 실망감을 표명하고, 결국 대통령 자문위원회에서 사임하였다. 뿐만 아니라, 트럼프의 엄격한 이민 정책과 일부 사회적 이슈에 대한 입장은 다문화적이고 글로벌한 인재 채용을 중시하는 머스크의 기업 철학과 충돌했다. 이는 두 사람 사이의 견해 차이를 더욱 부각시켰다.

이후 2022년, 일론 머스크가 트위터를 인수하면서 두 사람의 관계는 새로운 전기를 맞이했다. 트럼프는 2021년 1월 미국 국회의사당 폭동 이후 트위터 계정이 영구 정지되었으나, 머스크는 표현의 자유를 강조하며 트럼프의 계정을 복구시켰다. 비록 트럼프가 자신의 소셜미디어 플랫폼인 '트루스 소셜Truth Social'을 이미 운영하고 있는 상황이지만, 머스크의 이러한 조치는 두 사람의 공통된 가치관을 드러내는 계기가 되었다.

일론 머스크와 도널드 트럼프 모두 소셜미디어에서의 표현의 자유를 강하게 지지한다. 이는 빅테크 기업들의 콘텐츠 검열과 규제에 반대하는 입장을 공유하고 있음을 의미하며, 두 사람의 관계를 재정립하는 데 중요한 역할을 했다.

트럼프와 머스크의 관계 지속 가능성에는 여러 요인이 존재한다. 머스크의 사업은 우주 산업과 에너지 정책 등에서 정부의 정책과 규제에 큰 영향을 받기 때문에, 정치적 인물과의 관계 유지는 필수적이다. 또한 표현의 자유와 규제 완화에 대한 공통된 가치관은 두 사람 간의 협력 기반이 될 수 있다. 트럼프는 머스크의 기술 혁신과 기업가 정신을 높이 평가하고 있으며, 머스크 역시 트럼프의 대중적 영향력을 인지하고 있어 전략적 이익 측면에서 상호 이득을 취할 수 있다.

2024년 11월 20일 진행된 스페이스X 스타십의 6번째 시험발사에 트럼프와 머스크가 동행하며 민간 우주 기업과 정부 간 협력의 중요성을 강조하였다. 이는 스페이스X와 같은 민간 기업이 단순한 기술 개발을 넘어, 국가 우주 탐사 전략의 중요한 축으로 자리잡고 있음을 보여준다. 트럼프 당선인은 자신의 소셜미디어를 통해 스타십 발사를 "사상 최대의 우주 탐사 기술을 직접 목격하는 역사적인 순간"이라고 평가하며, 머스크와 스페이스X 팀을 응원하는 메시지를 남기기도 했다.

그러나 트럼프와 머스크의 관계 지속에는 도전 요소도 있다. 기후변화, 국제 무역, 이민 정책 등에서의 정책적 견해 차이는 갈등을 야기할 수 있으며, 두 사람 모두 강한 자기 확신과 예측 불가능한 행동 패턴을 가지고 있어 관계의 안정성을 위협할 수 있다. 또한 트럼프의 정치적 입지 변화나 머스크의 사업 환경 변화는 이들의 관계에 직접적인 영향을 미칠 수 있다.

앞으로의 미래를 전망해 보자면, 두 사람은 각자의 목표 달성을 위해 실용주의적인 접근을 취할 것으로 예상된다. 즉, 필요에 따라 협력하거나 거리를 두는 유동적인 관계를 유지할 가능성이 높다. 이는 비즈니스와 정치의 상호작용에서 흔히 볼 수 있는 패턴으로, 양측 모두에게 이익이 될 수 있다. 트럼프와 머스크의 관계는 미국의 정치, 경제, 기술 분야에 직접적인 영향을 미친다. 트럼프의 정치적 발언이나 정책 제안은 머스크의 사업에 영향을 줄 수 있고, 머스크의 기술 혁신은 트럼프의 정치적 어젠다에 활용될 수 있다. 또한 이들의 행동과 결정은 글로벌 시장과 국제 관계에도 파급 효과를 가져올 수 있다.

이러한 관계는 미국만이 아니라 국제 사회에서도 중요한 시사점을 제공한다. 트럼프와 머스크는 각자의 분야에서 강력한 영향력을 행사하는 인물로, 그들의 결정은 단순히 개인적 차원을 넘어 글로벌 경제와 기술 발전에 중대한 영향을 미칠 수 있다.

예를 들어, 트럼프가 추진하는 미국 중심의 보호무역 정책은 머스크의 글로벌 비즈니스 전략에 도전 과제를 제기할 수 있다. 반대로, 머스크가 주도하는 지속 가능한 에너지 기술이나 우주 탐사 프로젝트는 미국의 글로벌 리더십을 강화하는 데 중요한 역할을 할 수 있다. 특히, 머스크의 기술적 혁신이 국제 무대에서 미국의 경쟁력을 높이는 데 기여할 경우, 트럼프는 이를 자신의 정치적 성과로 강조하며 대내외적 입지를 강화할 가능성도 있다.

이처럼 두 인물의 상호작용은 경제, 기술, 그리고 국제 정치의 교차점에서 새로운 기회를 창출하거나 예상치 못한 긴장을 유발할 수 있는 복합적인 영향을 미칠 것으로 보인다.

감사의 글

이 책을 쓰는 동안 많은 생각을 하게 되었습니다. 특히, 글을 쓰면서 일론 머스크라는 인물에 대해 제 생각들을 정리할 수 있는 시간을 가졌습니다. 일론 머스크가 로드스터를 만들던 시절부터 지금까지, 그는 꾸준히 제 관심의 중심에 있었던 혁신가입니다. 머스크는 기행과 충동적인 행동으로 논란을 일으키기도 했지만, 인류의 미래에 긍정적인 영향을 미칠 수 있는 도전을 끊임없이 이어온 사람입니다.

저는 그가 스티브 잡스Steve Jobs의 뒤를 이을 혁신가라고 생각하며, 그의 도전을 지켜보고 배우는 과정에서 큰 영감을 얻었습니다. 일론 머스크에 대한 오랜 관심과 애정이 없었다면 이 책을 쓰는 일도 불가능했을 것입니다. 그 점에서 일론에게도 감사한 마음을 먼저 전하고 싶습니다. 다만, 일론의 충동적인 성향과 지나친 관심 추구, 공격적인 성향 등에 대해서는 주의 깊게 지켜볼 필요가 있다고 생각합니다. 그래도 현재 일론만큼 인류에게 신선한 비전을 제시하고, 실제 산업의 혁신을 만들어 나가는 사람도 없다고 생각합니다.

또한, 저의 곁에서 변함없이 응원해 준 아내와 가족들에게 진심 어린 감사를 전하고 싶습니다. 특히 아내는 제 모든 책의 퍼스트 리뷰어first reviewer로서, 때로는 날카롭게, 때로는 따뜻하게 저를 이끌어주는 코멘트를 아낌없이 나눠 주었습니다. 글쓰기 과정에서 벽에 부딪힐 때마다 아내의 의견은 제게 새로운 시각과 용기를 주었으며, 이 책을 완성할 수 있는 원동력이 되었습니다. 아내에게 고맙고 사랑한다는 말을 꼭 전하고 싶습니다.

아울러 이 책이 세상에 나올 수 있도록 큰 도움을 주신 시크릿하우스의 전준석 대표님과 황혜정 부장님께도 특별히 감사의 마음을 전하고 싶습니다. 두 분의 아낌없는 지원과 배려 덕분에 제가 원하는 방향으로 책을 이끌어 나갈 수 있었습니다. 글이 막히거나 방향성을 고민할 때마다 두 분이 주신 조언은 제게 등불과도 같았고, 든든했습니다.

끝으로, 이 책이 세상에 나올 수 있는 여정에 함께해 준 모든 분들에게 감사의 뜻을 전합니다. 이 책이 독자들에게도 영감을 주는 계기가 되기를 진심으로 바랍니다. 앞으로도 좋은 글로 다시 찾아 뵙겠습니다. 감사합니다.

ELON
MUSK

트럼프 2.0시대 새로운 경제 실험의 서막

일론 머스크의 DOGE 정부효율부

초판 1쇄 발행 | 2025년 1월 15일
초판 2쇄 발행 | 2025년 2월 20일

지은이 | 이재훈(드라이트리)
펴낸이 | 전준석
펴낸곳 | 시크릿하우스
주소 | 서울특별시 마포구 독막로3길 51, 402호
대표전화 | 02-6339-0117
팩스 | 02-304-9122
이메일 | secret@jstone.biz
블로그 | blog.naver.com/jstone2018
페이스북 | @secrethouse2018
인스타그램 | @secrethouse_book
출판등록 | 2018년 10월 1일 제2019-000001호

ISBN 979-11-988257-8-0 03320